Diplom
Deutsch
in Japan

音声
ダウン
ロード

三訂版

[編著] 岡本順治
岡本時子

独検
対策

2級 問題集

白水社

─── 音声ダウンロード ───

本書にはドイツ語音声を用意しています。弊社ホームページ
の以下のサイトから無料でダウンロードすることができます。
https://www.hakusuisha.co.jp/book/b631654.html

─── 音声収録箇所 ───

「短い文章の内容理解」（過去問＋例題）
「総合的な長文読解」（過去問＋例題）
「会話文：文脈理解と補充」（過去問＋例題）
「聞き取り問題（第 1 部）」（過去問＋例題）
「聞き取り問題（第 2 部）」（過去問＋例題）
覚えておきたい動詞＋前置詞 155
吹込者：Katharina Muelenz-Goli / Daniel Kern /
　　　　一色令子

装丁　志岐デザイン事務所
公益財団法人ドイツ語学文学振興会許諾出版物

はじめに

　ドイツ語技能検定試験2級（「独検2級」）は、2008年秋から始まりました。それ以前の2級が準1級と名前を変え、3級と準1級の間にこの2級が位置づけられました。ドイツ語技能検定試験のウエブサイトに「各級のレベルと内容」というページがあり（https://www.dokken.or.jp/about/level.html）、独検2級はヨーロッパ言語共通参照枠のB1におよそ対応すると書かれています。どの程度のレベルなのかは、第1章「2級の検定基準と受験対策」をご覧ください。

　『独検過去問題集2023年版2級、準1級、1級』（郁文堂）によれば、2017年から2022年の間の独検2級の合格最低点は、51.39％から65.28％の間で、この6年間の合格最低点の平均は57.89％でした。これは、問題の全体のおよそ60％できれば合格できる、ということです。また、この間の合格率は36.04％から65.03％の間で、この6年間の平均合格率は46.3％でした。このデータからは、受験者のおよそ半数が合格していることが分かります。

　独検2級の試験では、「読む、聞く、書く」力が試されます。「話す」力を試す2次試験がないのは残念ですが、それ以外「読む、聞く、書く」力が評価されます。試験でどこまで実力を判定できるか、というのは、難しい問題ですが、その試験を目指して勉強することには、大きな意味があります。つまり、独検の場合には、それがドイツ語の資格として存在するので、目標として勉強し、特定の級に合格することで、おおやけにその実力があることを認めてもらえるからです。

　3級までは、どちらかというと初級でしたが、2級にチャレンジして中級レベルにまで自分の力を伸ばしていくというのは、せっかく学び始めたドイツ語の力を大きく飛躍させるチャンスだと思います。2級合格を目指して、ぜひがんばってください。

　今回、三訂版を作るにあたって、過去問を2017年以降のものに刷新しました。独検2級の基本的な出題傾向は変わらないものの、細部では少しずつ変わってきている点もあります。第2章の小問題では、「複数形」の問題はほぼ出題されなくなり、「類義語の使い分け」が出題されるようになりました。また、付録として「覚えておきたい動詞＋前置詞155」のほかに「動詞中心表現から機能動詞構文へ」を加えました。「動詞＋前置詞155」の部分は白水社ホームページで収録音声を聞いて学ぶこともできますので、覚える時に活用してください。

本書の構成

　本書は「ドイツ語技能検定試験」（独検）2級の出題傾向を分析し、それに従って効果的な受験のための学習ができるように編集されています。

　各章では、2017年以降に出題された過去問を取りあげ、ヒントと解答解説で過去問の解き方を説明しています。その過去問に沿った形で、学習のポイントでは、どのようにしてさらに学習を進めていったらよいのかを解説し、具体的に覚えた方がよい表現などを示しています。各章の最後には練習問題をつけました。練習問題の解答は、本書末尾の練習問題解答のところにあります。解答だけではなく、要点を説明した解説もつけました。

　聞き取り問題、および音声マークの箇所は、白水社のホームページ上に音声データを公開しています。聞き取り問題の注意事項を読んで、本番の試験と同じようにして問題を解いてみましょう。本文は、巻末に全文掲載されていますが、最初は文章を見ずに音声を聞いてください。問題を解いた後で、答え合わせの時に解答を見て確認し、もう一度、あるいは、何回も納得するまで吹き込まれているドイツ語を聞いてみましょう。

　付録として、「動詞＋前置詞155」、「動詞中心表現から機能動詞構文へ」をつけました。「動詞＋前置詞155」は、特定の前置詞を従えて使う動詞中心の表現を例文とともにリストアップしたものです。これらは、中級レベルを意識して作ったものです。ぜひ活用してください。

　なお、この2級問題集では扱えなかった機能動詞構文や、派生語、熟語、不変化詞などは、準1級・1級問題集の方で扱っていますので、さらに上にチャレンジしたい方は、『独検対策準1級・1級問題集』をご参照ください。

　では、ご健闘を祈ります。

2023年夏

編著者

目 次

本書で使用する略語

jd：人の 1 格　　　　　js：人の 2 格

jm：人の 3 格　　　　　jn：人の 4 格

et¹：物の 1 格　　　　　et²：物の 2 格

et³：物の 3 格　　　　　et⁴：物の 4 格

[　]：省略可能な部分　例：mit ander[e]n Worten

他：他動詞

自：自動詞

再：再帰動詞

(+s.)：完了の助動詞は sein

● 第1章

2級の審査基準と
受験対策

① 2級の検定基準

まず、公表されている独検2級の検定基準をご覧ください。

ドイツ語技能検定試験（「独検」）検定基準

2級（Mittelstufe）

- ■ ドイツ語の文法や語彙についての十分な知識を前提に、日常生活に必要な会話や社会生活で出会う文章が理解できる。
- ■ やや長めの文章の主旨を理解し、内容についての質問に答えることができる。具体的・抽象的なテーマについてのインタビューや短い記事の内容を聞き取ることができる。短いドイツ語の文を正しく書くことができる。
- ■ 対象は、ドイツ語の授業を約180時間（90分授業で120回）以上受講しているか、これと同じ程度の学習経験のある人。
  （語彙3000語）

この検定基準は、3つの部分からできています。1番目の基準は、この級のドイツ語能力を概略的に説明しています。2番目の基準は、「読む、聞く、書く」という3技能をより具体的に規定しています。3番目の基準は、どれくらいの期間ドイツ語を学んだら、このレベルに到達できるかを示しています。

独検2級は、準1級と3級の間に位置していますので、この上下の級の基準と比較してみると、その位置づけがよりはっきりします。

級	1番目の基準
準1級	ドイツ語圏の国々における生活に対応できる標準的なドイツ語を十分に身につけている。
2級	ドイツ語の文法や語彙についての十分な知識を前提に、日常生活に必要な会話や社会生活で出会う文章が理解できる。
3級	ドイツ語の初級文法全般にわたる知識を前提に、簡単な会話や文章が理解できる。

この比較から分かることは、2級は、3級とは異なり、「文法や語彙に関しては十分な知識を前提」としている一方で、準1級とは異なり、「標準的なドイツ

語を十分に身につけている」とまではいかない中級レベル、ということになります。まだまだ不明瞭ですが、想像できるのは、「**ドイツ語圏で生活をして日常的に困らないレベル**」ということのようです。

　もっと具体的に踏み込んだ2番目の基準を比較してみましょう。

級	2番目の基準
準1級	新聞などの比較的複雑な記事や論述文などを読むことができる。自分の体験などについて詳しく話し、社会的・実用的なテーマについて口頭で自分の考えを述べることができる。比較的長い文章の要点を聞き取り、短いドイツ語の文章を正しく書くことができる。
2級	やや長めの文章の主旨を理解し、内容についての質問に答えることができる。具体的・抽象的なテーマについてのインタビューや短い記事の内容を聞き取ることができる。短いドイツ語の文を正しく書くことができる。
3級	基本的なドイツ語を理解し、ほとんどの身近な場面に対応できる。簡単な内容のコラムや記事などの文章を読むことができる。短い文章の内容を聞き、簡単な質問に答え、重要な語句や数字を書き取ることができる。

2番目の基準を比べてみて、一番最初に気がつくのは、準1級だけが「話す」技能を含んでいるということです。2級や3級では、「話す」技能をみる試験は含まれていません。口頭試験があるのは、ここでは準1級だけで、2次試験で行っています。

　読む能力の比較をしてみると、準1級では、「新聞などの比較的複雑な記事や論述文などを読むことができる」となっていますが、2級では、「やや長めの文章の主旨を理解し、内容についての質問に答えることができる」となっていますので、違いは明らかです。つまり、「**それほど長くない文章の内容の大筋をつかむことができる**」ような能力を求めているのです。

　聞き取り能力に関して、準1級では、「比較的長い文章の要点を聞き取り」となっているのに対し、2級では、「具体的・抽象的なテーマについてのインタビューや短い記事の内容を聞き取ることができる」となっています。違いは、文章の長さと種類にあるようです。インタビューは、基本的に「話し言葉」の

一種です。それに対して、会話ではないテキストを読んだ場合、理解するのは簡単ではありません。このような観点から、2級で求めているのは、「**話し言葉に属する文章が聞き取れ、短く書かれた文章が読まれたら、聞き取ることができる**」ということでしょう。ちなみに、話し言葉に属する文章としては、インタビューの他に、スピーチやラジオ放送、口頭での特定のテーマに対しての指示などが考えられます（実際に、聞き取り問題対策のところで、過去問の種類をあげていますので、参照してください）。

書く能力に関しては、準1級では、「短いドイツ語の文章を正しく書くことができる」としているのに対し、2級では、「短いドイツ語の文を正しく書くことができる」としています。どちらもそれほど多くの能力を求めていないように感じられますが、準1級では短い**文章**（複数の文の集まり）、2級では短い**文**を正しく書くことを求めている点が違います。2級で求めているのは「**正しく短い文を書くことができる**」程度の能力ということになりますが、過去問を見ると、実際に文を書かせる問題が直接出題されていることはありません。実際には、語順や、書き換え問題などを通して、間接的に書く能力の一部を試していることになります。

最後に、3番目の基準を比較してみましょう。

級	3番目の基準
準1級	対象は、ドイツ語の授業を数年以上にわたって継続的に受講し、各自の活動領域においてドイツ語に習熟しているか、これと同じ程度の能力のある人。
2級	対象は、ドイツ語の授業を約180時間（90分授業で120回）以上受講しているか、これと同じ程度の学習経験のある人。
3級	対象は、ドイツ語の授業を約120時間（90分授業で80回）以上受講しているか、これと同じ程度の学習経験のある人。

どれくらいの期間、ドイツ語を学んでいるか、その目安を与えるのがこの3番目の基準ですが、簡単な試算をしてみましょう。準1級レベルでは、具体的なドイツ語学習の期間が示されていませんが、このレベルに達するのは、個人差が大きいという判断をしたからでしょう。2級の基準、すなわち、「約180時間（90分授業で120回）以上」というのは、現在、大学で1学期につき15回の90分授業をやっているとすると、週1回の授業を1年間受講すれば、30回になります。週に2回、ドイツ語の授業を受ければ60回ですから、このペー

スで2年間学んだら、約180時間ということになります。1つの目安ですが、**大学で、週2回ドイツ語の90分授業を2年間受ける**と、およそこの時間数になります。計算上は、週4回なら、1年間でクリアできる時間数ということになります。もちろん、この時間数をかけて勉強すれば、誰でも同じレベルに達するというわけではない、ということに注意してください。人によって、マスターするのにかかる時間は違います。

② 2級の受験対策

　独検2級の受験だけに絞れば、2次試験はありませんので、「話す」能力は問われません。だったら、話せなくてもいいか、と言われれば、もちろんそんなことはありません。**ドイツ語を覚えて口に出して発音する**、ということが十分にできなければ、ドイツ語を聞く能力は養えません。発音の練習をする時は、ただなんとなく発音するのではなく、**イントネーションやリズムに注意して**、ドイツ語らしく発音できるように、気を遣いましょう。詳しくは、4章1.の「聞き取り問題対策」を参考にしてください。

③ 2級の過去問題の傾向

　まず、80分の筆記試験ですが、1番から3番までが小さめの問題、4番が短い文章の内容理解、5番が長文総合問題、6番が会話文穴埋め問題、という構成になっていました。3番を除くと、選択問題になっています。

1. 小問題3種類（語の派生、類義語、類義語と類似した語の使い分け、アクセントなど）
2. 前置詞穴埋め問題
3. 言い換え穴埋め（選択問題ではなく、実際に単語を書く問題）
4. 短い文章の内容理解
5. 長文総合問題
6. 会話文穴埋め

　それぞれの問題は、以下の章で過去問として紹介され、その解き方の**ヒント、解答解説、学習のポイント**がついています。自分で実際の問題を解いてみてください。各章には、**練習問題**もありますので、実際にやってみてから、練習問題解答のページで答えを確認しましょう。

　聞き取り試験は、約30分で、**1. 会話を聞いて要点を理解する問題**、と**2. 長文を聞いて内容を理解する問題**で構成されています。4章1.の「聞き取り問題

対策」に、より詳しく説明していますが、この問題集では、筆記問題と同じように過去問を紹介し、その解き方の**ヒント**、**解答解説**、**学習のポイント**が書かれています。音声データを使って、実際に聞きながら解いてみましょう。練習問題も、もちろん入っています。

　最後に、「動詞＋前置詞155」という付録を付けました。例文とともに載っていますので、ぜひ覚えてください。前置詞を問う問題は、2級では、かなり多く出題されています。

コラム　文法上の性 (Genus, grammatisches Geschlecht)

　英語を最初に外国語として学んだ人にとって、ドイツ語の名詞に性があることはかなりのショックです。しかし、ヨーロッパの言語を見まわすと、文法上の性のある言語は決して珍しくありません。Duden から出版されている小冊子 *Unnützes Sprachwissen* (2013) には、主にドイツ語に関するさまざまなデータが紹介されています。同書の 4 ページには、名詞の性に関しての数値が紹介されています。それによると名詞全体の中で、女性名詞は 46%、男性名詞は 34%、中性名詞は 20% だそうです。さらに、2 つの性を持つ名詞は全体の 1.3%、3 つの性をもつ名詞は 0.02% とのこと。女性名詞が男性名詞より多いという感じは、少しドイツ語の性を意識すると納得できると思います。

　さて、2 つの性を持つ名詞と言われた時、みなさんは何を思い浮かべますか？　複数形が異なることもありますので注意しましょう。

der Erbe -n/-n 相続人　　　　　　das Erbe -s/［雅］遺産
der Gehalt -(e)s/-e 含有量　　　　das Gehalt -(e)s/Gehälter 給与
das Golf -s/［スポーツ］ゴルフ　　der Golf -(e)s/-e（大きな）湾
der Hut -es/Hüte（つば付き）帽子　die Hut -/［雅］保護
der Junge -n/-n 男の子　　　　　das Junge -n/-n（動物の）子供、(鳥の)ひな
die Kiefer -/-n［植］松　　　　　der Kiefer -s/- あご
der Leiter -s/- 指導者、リーダー　die Leiter -/-n はしご
der Messer -s/- 測量士；測定器　　das Messer -s/- ナイフ；外科用メス
die Plastik -/-en 彫刻品　　　　　das Plastik -s/（単数のみ）プラスチック
der See -s/-n 湖　　　　　　　　die See -/-n 海
die Steuer -/-n 税金　　　　　　das Steuer -s/- 船の舵；自動車のハンドル
der Tau -(e)s/ 露（つゆ）　　　　das Tau -(e)s/-e（太い）ロープ
der Teil -(e)s/-e 部分；一方の側　das Teil -(e)s/-e 部品、パーツ
der Tor -en/-en［雅］愚か者　　　das Tor -(e)s/-e 門；ゴール

● 第 2 章

小問題

❶ 小問題対策

　第1章「2級の過去問題の傾向」のところで触れたように、独検2級の1番目の問題は、これまで3つの小さな問題で構成されてきました。その回によって、多少の違いはあるものの、トピックとしては、語の派生（1つの語の品詞を替えて書き換える）、類義語の選択（動詞、形容詞、副詞、不変化詞など）、複数形とアクセント、語順、文の区切り、会話穴埋めなどが出題されてきました。以下の「語の派生」、「類義語と類似した語の使い分け」、「アクセント」、「過去に出ていたその他の問題」の章が1番目の小問にあたる過去問と対策の部分です。

　ただし、「過去に出ていたその他の問題」の章では、過去問を載せていません。過去問の形式を引き継いだ形で、問題と解説のみを載せています。これらの小問に関しては、今後、復活するかもしれませんし、類似した違う形式の設問になる可能性もあります。基礎的な知識を少し超えるようなレベルまで、知識を広げておくことが将来的には必要でしょう。

　2番目の問題でこれまで出題されてきたものは、前置詞を伴った動詞の用法と前置詞を含んだ慣用句です。この部分は、ふだんからよく使われる熟語的表現や慣用句を積極的に覚えていく必要があります。熟語的表現に関しては、巻末の「覚えておきたい動詞＋前置詞155」を参照して、覚えているものをチェックして知識を増やしていってください。

　3番目の問題は、言い換えです。言い換える時に必要となる語を補う問題です。助動詞、前置詞、従属接続詞などを使った言い換えですが、実際に空欄に入れる語を自分で書き込むことになります。近年、試験と言えば選択肢から選ぶだけの問題が多数を占めるようになってきていますが、自分で筆記用具を使って文字を書く、ということはとても大切です。自分で文字を書きスペリングを覚える勉強をふだんから行っていれば、解答は難しくありませんが、普段キーボードからの入力だけに頼っている人は、この際、筆記用具と紙の世界にときどき戻ってみることをお勧めします。

　4番目の問題は、文の意味と構造から空欄に入る語を選ぶ問題です。この問題は、実にさまざまなものが穴埋め問題形式で出題されています。慣用句、機能動詞、接続詞、副詞、不定代名詞、助動詞を用いた受動的表現など、多岐にわたります。

❷ 語の派生 (1 つの語の品詞間の変換)

[過去問]
次の (1)〜(3) の問いに対する答えを下の **1〜4** のうちから一つ選び、その番号を解答欄に記入しなさい。

次の 2 つの文がほぼ同じ意味になるように、(　　　) に入る語を選びなさい。

(1)
1 Ich bin dafür sehr dankbar, dass Sie immer freundlich zu mir waren.
2 Ich bin für Ihre (　　　) sehr dankbar.

    1 Freudigkeit　**2** Freunde　**3** Freundlichkeit　**4** Freundschaft

                                                                                  (2019 年冬)

(2)
1 Das kann ich nicht sicher sagen.
2 Das kann ich nicht mit (　　　) sagen.

    1 Sicherheit　**2** Sicherstellung　**3** Sicherung　**4** Versicherung

                                                                                      (2020 年冬)

(3)
1 Er hat in der Sitzung als Vorsitzender geredet.
2 Er hat in der Sitzung als Vorsitzender eine Rede (　　　).

    1 gehalten　　**2** genommen　　**3** gesagt　　**4** getragen

                                                                                      (2021 年冬)

ヒント！

　語の派生 (Ableitung) というのは、1 つの単語を別の品詞に変換することです。例えば、名詞から形容詞を作る接尾辞には -lich や -ig、逆に形容詞から名詞を作る接尾辞には -heit や -keit があります。どの接尾辞を使って形容詞化するのか、あるいは名詞化するのかは、単語ごとに決まっています。また、1 つの接尾辞でも、さまざまな品詞に付くことがあり、意味も微妙に変わってくることがあります。たとえば -sam という接尾辞は、動詞にも、名詞にも、形容

15

詞や数詞にも付きます。このような派生の仕方を知っていると、語彙を増やす時に役だちます。

(1) 形容詞 freundlich を名詞化します。Freund を含んだ複数の名詞から選択します。

(2) 形容詞 sicher に注目します。sicher を含んだ名詞にはいろいろありますが、ここでは mit ＋名詞の形で sicher と同じ意味にすることを考えます。

(3) 動詞 reden に注目し、reden の名詞 Rede を適切な動詞を使った言い方に変えます。

解答解説📖　　　　　　　　　　　　　　　　　Erläuterungen

(1) 形容詞の語尾が -lich の場合、-keit をつけて選択肢 **3** のようにして名詞化することができます。freundlich 形「好意的な」の派生元は Freund 名 で「友人」です。選択肢 **2** は、Freund の複数形で、選択肢 **4** の Freundschaft は、派生元は Freund 名 に -schaft をつけて Freundschaft「友情；友好関係」という意味の集合名詞を作っています。最後に選択肢 **1** は、freudig 形「喜んでいる」に名詞化の語尾 -keit が付いています。派生元の名詞は Freude 名 で「喜び」ですからまったく違います。1 の文は「あなたがいつも私に親切にしてくれたので、とても感謝しています」と副文を使った言い方になっていますが、2 の文は「あなたのご親切にとても感謝しています」という名詞を使ったコンパクトな言い方になっています。

(2) 1 の文は、「それを私はあなたに確信を持って言うことはできません」という意味です。形容詞 sicher は、副詞としてもよく用いられます。「確かに、きっと、必ず」という訳語がありますが、この文を和訳する時は「確信を持って」と言う方が誤解なく内容が伝わります。つまり、話し手の判断・評価を伝えているのです。2 の文では、すぐ前に mit がありますので、sicher の名詞形 Sicherheit を入れ mit Sicherheit で「確信を持って」の意味になります。日本語的発想にも合っているので簡単だったと思います。選択肢 **3** の Sicherung は sicher の名詞化ではありますが「保護；保障；確保」といった意味になり「確信」とは無関係です。Versicherung は「保障；保険」という意味の名詞化で、やはり不適切です。最後に選択肢 **2** の Sicherstellung は、sicherstellen という動詞の名詞化で、「確保；押収」といった意味です。

(3)「彼は会議で議長としてスピーチをした」という意味が 2 つの文で共通に表現されています。1 の文では、reden という 1 つの動詞で「スピーチをする」という意味になっているのに対して、2 の文では、eine Rede halten という言い方が使われています。どちらも現在完了の文ですから、選択肢は **1** の gehalten が正解です。1 つの動詞を〈名詞＋動詞〉で表すというパターンで、この場合の動詞は意味が希薄になっているので、機能動詞と呼ばれたりします。

解答 　(1) **3** 　(2) **1** 　(3) **1**

学習のポイント🔑 　　　　　　　　　　　　　　　　　　　**Kernpunkte**

A. 派生語

　1 つの語からいろいろな関連した語を作り出すことができます。(1) の問題で出てきた Freund を例に考えて見ましょう。まず、der Freund は「友達」(男性) ですから、die Freundin「友達」(女性) は、-in という女性形を作る語尾で作られます。-lich を Freund に付けることで、freundlich「親切な；友好的な」という形容詞ができます。その名詞形は -keit を付けて Freundlichkeit です。freundlich の反意語は、接頭辞 un- を付けて、unfreundlich「親切ではない；非友好的な」となり、その名詞形は Unfreundlichkeit です。このように、さまざまな接尾辞や接頭辞を付けて、いろいろな語が作れます。以下は、ほんの一例です。

X-freundlich:

augenfreundlich	形	目にとって快適な
gastfreundlich	形	客に対して友好的な
katzenfreundlich	形	うわべだけ親切な
kinderfreundlich	形	子供好きの
menschenfreundlich	形	博愛の
regierungsfreundlich	形	政府支持の
arbeitnehmerfreundlich	形	被雇用者にやさしい
familienfreundlich	形	家族にやさしい、家庭向きの
klimafreundlich	形	気候変動にやさしい
umweltfreundlich	形	環境にやさしい

freundlicherweise	副	親切にも
die Freundschaft		友好関係
freundschaftlich	形	友好的な
der Freundschaftsdienst		友情の奉仕、友情から出た助力
das Freundschaftsspiel		親善試合
der Freundeskreis		交友関係

X+freund:

Blumenfreund	草花愛好家
Bücherfreund	愛読家
Duzfreund	お互いに du で呼び合う友人
Friedensfreund	平和愛好者
Gartenfreund	園芸愛好家
Gastfreund	1. 親しい客、2. 客好きな人
Geschäftsfreund	取引先、商売相手
Kinderfreund	子供好きな人
Kunstfreund	芸術愛好家
Musikfreund	音楽愛好家
Naturfreund	自然愛好家
Parteifreund	党友
Schulfreund	学友
Sportfreund	1. スポーツ愛好家、2. スポーツ仲間
Studienfreund	大学時代の友人
Tierfreund	動物愛好家

以下では、語尾を中心にさまざまな派生をまとめてみました。

★形容詞＋{-keit、-igkeit、-heit}＝名詞
- -keit と -igkeit は形容詞に付けて女性名詞を作ることができます。
- 一般的に、性質を表す**抽象名詞**、**集合名詞**を作りますが、**具体的な「行為」**「**人**」「**物**」「**状態**」**を表す名詞になることもあります**。
- **-bar, -ig, -lich, -sam で終わる形容詞には、通常 -keit が付きます。**
- **-haft, -los で終わる形容詞や一部の短い形容詞では、-igkeit が付きます。**
- -igkeit と -heit の両方の形のある場合は、-igkeit の付く名詞が具体的なもの、-keit の付く名詞が「抽象的」な意味を表します。
- -heit は**過去分詞に付けて女性名詞を作る**用法と、**名詞に付けて「抽象名詞」「集合名詞」を作ったり、具体的な「行為」「人」「ものごと」などを表す名詞を作ったり**します。

具体的なものを指す場合には、複数形になることができます。

● **-keit**

dankbar 形 感謝している   —   die Dankbarkeit 名 感謝の念

flüssig 形 液体の   —   die Flüssigkeit 名 液体；流動性

freundlich 形 好意的な   —   die Freundlichkeit 名 親切

wirksam 形 効果的な   —   die Wirksamkeit 名 有効性

heiser 形 声のかすれた   —   die Heiserkeit 名 しわがれ声

übel 形 感覚的にいやな   —   die Übelkeit 名 不快感

● **-igkeit**

zweifelhaft 形 疑わしい   —   die Zweifelhaftigkeit 名 疑わしさ

fassungslos 形 唖然（あぜん）とした

      —   die Fassungslosigkeit 名 唖然としたこと

hell 形 明るい   —   die Helligkeit 名 明るさ

müde 形 疲れた   —   die Müdigkeit 名 疲れ

schnell 形 速い   —   die Schnelligkeit 名 速さ

● **-igkeit vs. -heit**

neu 形 新しい   —   die Neuigkeit 名 新しい情報

      —   die Neuheit 名 新しさ

klein 形 小さい   —   die Kleinigkeit 名 わずかばかりのもの

      —   die Kleinheit 名 小ささ

─注意

 Flüssigkeit（液体）の場合は flüssig という形容詞があって、-keit という接尾辞が付いていますが、Helligkeit、Müdigkeit、Schnelligkeit、Neuigkeit、Kleinigkeit では、-ig という接尾辞の付いた形容詞は含まれていませんし、存在しません。

● **(1) 形容詞＋-heit＝名詞；(2) 名詞＋-heit＝名詞**

frei 形 自由な   —   die Freiheit 名 自由

schön 形 美しい；すばらしい   —   die Schönheit 名 美；すばらしいこと

vergangen 形 ［過去分詞］過ぎ去った   —   die Vergangenheit 名 過去

betrunken 形 ［過去分詞］酔った   —   die Betrunkenheit 名 酔った状態

das Kind 名 子供   —   die Kindheit 名 子供の頃

der Christ 名 キリスト教徒；キリスト   —   die Christenheit 名 全キリスト教徒

der Narr 名 愚か者   —   die Narrheit 名 愚かさ；愚行

19

★名詞＋{-isch、-lich、-ig}＝形容詞
- -isch、-lich、-ig は名詞に付けて形容詞を作ります。
- 元となる名詞のさまざまな意味を引き継ぎます（「関連」「類似」「由来」）。
- -isch と -lich の両方の形の形容詞がある場合、-isch の付いた形容詞に「軽蔑」のニュアンスが含まれることがあります。
- -lich は時間を表す名詞に付けると「…ごとに」という意味になり、-ig は「…（の時間）の」という意味になります。

● -isch

Japan 名 日本	—	japanisch 形 日本の
der Künstler 名 芸術家	—	künstlerisch 形 芸術の
der Himmel 名 空；天国	—	himmlisch 形 天空の；天国の
das Kind 名 子供	—	kindisch 形 子供じみた
	—	kindlich 形 子供らしい
der Bauer 名 農民	—	bäuerisch 形 農民ぽい、田舎くさい
	—	bäuerlich 形 農民の、田舎ふうの
das Jahr 名 1 年；歳	—	jährlich 形 毎年の
	—	jährig 形 1 年間の

●(1) 名詞＋-lich＝形容詞；(2) 動詞語幹＋-lich＝形容詞；
(3) 形容詞＋-lich＝形容詞
- -lich は動詞の語幹に付けて形容詞を作ることがあり、そのような場合は「…できる、…する傾向がある、きっと…する」といった意味になります。
- -lich は形容詞に付けて形容詞を作ることがあり、その場合「少し…である」「…に近い」という意味を表します。

der Freund 名 (男) 友達	—	freundlich 形 好意的な
die Mutter 名 母親	—	mütterlich 形 母親の
die Fremdsprache 名 外国語	—	fremdsprachlich 形 外国語の
begreifen 動 …を理解する	—	begreiflich 形 理解できる
ertragen 動 …に耐える	—	erträglich 形 耐えられる
blau 形 青い	—	bläulich 形 青みをおびた
krank 形 病気の	—	kränklich 形 病気がちな

●(1) 名詞＋-ig＝形容詞；(2) 動詞語幹＋-ig＝形容詞、(3) 副詞＋-ig＝形容詞
動詞の語幹に -ig を付けて形容詞を作る場合があります。その場合は「…する傾向がある」「よく…する」という意味になります。

20

-ig は副詞に付いて形容詞を作ることがあります。

der Mut 名 勇気	—	mutig 形 勇気のある
der Eifer 名 熱意	—	eifrig 形 熱心な
glauben 動 …を信じる	—	gläubig 形 信心深い
gehören 動 …の所有物である	—	gehörig 形 …の所有の
heute 副 今日	—	heutig 形 今日の
gestern 副 昨日	—	gestrig 形 昨日の

★動詞語幹＋{-bar、-abel、-fähig}＝形容詞
- -bar、-abel、-fähig は動詞の語幹に付けて形容詞を作ります。
- それぞれ可能（…できる、…可能な）の意味を表します。

●動詞語幹＋-bar＝形容詞
- 他動詞の語幹に -bar を付けると「受動＋可能」（…されうる）の意味になります。
- 自動詞の語幹に -bar を付けると「能動＋可能」（容易に…しうる、…に適した）の意味になります。
- 反意語の形容詞は、un- を付けて作ります。
- 否接頭辞 un- と形容詞の接尾辞 -bar が付いた形容詞の中には、普通肯定形を使わないものがあります。

erklären 他動 …を説明する	—	erklärbar 形 説明されうる（↔unerklärbar）
überwinden 他動 …を克服する		
	—	überwindbar 形 克服されうる（↔unüberwindbar）
brennen 自動 燃える	—	brennbar 形 可燃性の（↔unbrennbar）
tanzen 自動 踊る	—	tanzbar 形 ダンスに適した（↔untanzbar）
antasten 他動 …を侵害する	—	unantastbar 形 （権利が）侵害できない
sinken 自動 （船が）沈む	—	unsinkbar 形 （船が）沈まない

●(1) 動詞語幹（…ier）＋-abel＝形容詞；(2) 名詞＋-abel＝形容詞
- -ieren で終わる外来語動詞の ier を取った部分に -abel を付けると「可能」（…可能な、…できる）の意味になります（英語の -able と同等）。
- ごく一部の名詞にも -abel を付けることができ、「（特徴が）ある」の意味になります。
- この種の形容詞は通常 in-、ir- などを付けて反意語を作ります。
- この種の形容詞が付加語的に用いられると、後ろから 2 番めの弱音の e が消

えます。

例）Die Bedingung ist akzeptabel. vs. die akzeptable Bedingung

akzeptieren 動 …を受け入れる

— akzeptabel 形 受け入れられる（↔ inakzeptabel）

reparieren 動 …を修理する　 — reparabel 形 修理できる（↔ irreparabel）

der Komfort 名 快適　　　　— komfortabel 形 快適な（↔ unkomfortabel）

die Misere 名 惨めさ　　　　— miserabel 形 悲惨な

● (1) 動詞語幹＋-fähig＝形容詞；(2) 名詞＋-fähig＝形容詞

● 動詞の語幹に -fähig を付けて、「能力」（…できる）、「受動＋可能」（…され
うる）という意味の形容詞を作ります。

● 名詞に -fähig を付けて、「求められる特性がある」（…に合っている）という
意味の形容詞を作ります。

● 反意語は語頭に否定の接頭辞を付けるのではなく、-unfähig を付けて作りま
す。

例）kampffähig　戦闘能力のある　　↔ kampfunfähig　戦闘能力のない

● -bar が付く形容詞と似た意味ですが、ふつう修飾する対象が異なります。

Menschen sind das ganze Leben lernfähig.

人間は一生の間、学習能力がある。

Squash ist relativ leicht lernbar.

スカッシュは比較的簡単に学ぶことができる。

denken 動 …を考える　　　 — denkfähig 形 思考能力のある

lernen 動 …を学ぶ　　　　 — lernfähig 形 学習能力のある

die Anpassung 名 適応　　　— anpassungsfähig 形 適応能力のある

der Gebrauch 名 使用　　　 — gebrauchsfähig 形 使い物になる

ここまでいくつかのよく使う接尾辞を見ましたが、この他にもさまざまな接
尾辞や接頭辞があります。一度に全部覚えようとするのではなく、少しずつマ
イペースで覚えていくといいでしょう。なお、『独検対策準 1 級・1 級問題集』
では、より多くの接尾辞と接頭辞の説明をしていますので参考にしてください。

B. 機能動詞構造

　機能動詞（Funktionsverb）とは、本来の動詞の意味をほとんど失い、【状態
変化】、【他動】、【受動】、【使役】、【開始】などを表す一連の動詞です。例えば、
kommen「来る」という動詞を例に考えると、zur Anwendung kommen とい

う表現の中で、動詞 kommen に「来る」という意味はありません。この表現は、「適用される」という意味で、kommen は【受動】を表しています。

このような**機能動詞を使って作られた構文を機能動詞構造 (Funktionsverb-gefüge) と呼び、(i) 名詞＋機能動詞、あるいは、(ii) 前置詞＋名詞＋機能動詞の形式**になります。以下の例を見てください。

（A）　Da **kommt** ein reduzierter Tarif **zur Anwendung**.
　　　そこでは、引き下げられた税率が適用されます。
（B）　Da **wird** ein reduzierter Tarif **angewandt**.
　　　そこでは、引き下げられた税率が適用されます。

（A）と（B）は、ほぼ同じ意味です。「～を適用する」という意味は、ひとつの動詞 anwenden で表現できます。では、なぜ（A）のような表現があるのでしょうか？　さまざまな理由が考えられますが、（A）の表現では受動態を使わずに、受動の意味が表現できています。これは１つの利点です。もうひとつは、名詞 Anwendung に意味の中心を移している点です。書き言葉では、名詞に意味の中心を担わせる文体が好まれます。一般的に、名詞中心の文体は、大量の情報をコンパクトに表現できると言われています。そこで、機能動詞構造は書き言葉で中心的に使われます。

もうひとつの重要な点は、**名詞と動詞の結びつき**です（15 ページで取り上げた過去問（3）の eine Rede **halten** もその例です）。機能動詞構文の (i) のパターンは、名詞＋機能動詞でした。例えば、「助ける」という動詞は helfen で 3 格の目的語をとって使いますが、Hilfe という名詞を使う場合は、どのような動詞を使ったらいいでしょうか？　答えは、leisten です。この leisten という動詞は、「（仕事・業績など）を成し遂げる」という意味がありますが、Hilfe **leisten** と使うことで、「～を助ける」という意味になります（特定の名詞を目的語にして「～する」のような意味になる時、ついつい machen を使ってしまう人がいますが、要注意です）。（C）は、（D）のように Hilfe を使って表現でき、3 格の目的語をとっても使えます。

（C）　Die Fahrerin half dem Verunglückten.
　　　その運転手は、事故にあった人を助けた。
（D）　Die Fahrerin leistete dem Verunglückten Hilfe.
　　　その運転手は、事故にあった人を助けた。

さらに、3格の目的語を使わない表現も可能で、(E) のように Erste Hilfe (応急処置) という名詞表現にも応用できます。

（E）　Die Fahrerin leistete (dem Verunglückten) Erste Hilfe.
　　　その運転手は、(事故にあった人に) 応急処置をほどこした。

　なお、本書では、名詞と動詞の派生関係を厳密に捉えることはせずに、広い意味で機能動詞構文を捉えています。たとえば、in Betracht kommen は「考慮される」という意味で、動詞表現にすると berücksichtigt werden が該当します。動詞の berücksichtigen と名詞の Betracht には、派生的な関係はありません (動詞 betrachten は、主に「観察する」という意味になっていて、「考察する」という意味ではほとんど使われません)。巻末には、いくつかの動詞をどのような機能動詞構文で表せるかをまとめていますので、参考にしてください。

コラム　文法上の数 (Numerus)

　ドイツ語には、英語や他のヨーロッパ系の言語と同様に単数形と複数形の区別があります。しかしドイツ語の複数形には名詞の性は反映されません。イタリア語などでは、男性名詞・女性名詞にそれぞれの複数形が存在しますが、ドイツ語ではもとの性に関係なく一律に「複数形」です。ただし 12 ページのコラムで見たように、1 つの単数名詞に 2 つの違った性がある場合には、それを反映して複数形も異なるのが普通です (der Leiter -s/- 指導者、die Leiter -/Leitern はしご)。さらに探してみると、もとの性が同じでも、意味の違いで複数形が異なる場合もあります。

die Bank -/Bänke ベンチ　　　die Bank -/Banken 銀行
der Druck -(e)s/Drücke 圧力　der Druck -(e)s/Drucke 印刷物
die Mutter -/Mütter 母　　　　die Mutter -/Muttern ［工］ナット
das Wort -(e)s/Wörter 単語　　das Wort -(e)s/Worte 言葉

24

━━━━━━ 練習問題 ━━━━━━

[例　題]　　　　　　　　　　　　　　　　　　（解答は 172 頁）
次の (1)〜(7) の条件に当てはまるものが各組に一つずつあります。それを下の **1**〜**4** のうちから一つ選び、その番号を解答欄に記入しなさい。

(1)　名詞に書き換えた場合、語尾が -igkeit となる語。
　　　1 faul　　　　　**2** müde　　　　　**3** treu　　　　　**4** zärtlich

(2)　Frucht — fruchtbar のように、名詞を形容詞にするときに付く語尾が異なるものを選びなさい。
　　　1 Himmel　　　**2** Mut　　　　　**3** Sprache　　　**4** Arzt

(3)　glauben — gläubig のように、動詞を形容詞にするときに付く語尾が異なるものを選びなさい。
　　　1 schweigen　**2** bestechen　**3** ertragen　　　**4** verzeihen

(4)　**1**〜**4** の各語の反対や否定の意味の形容詞を作るとき、接頭辞 in- が付かないものを選びなさい。
　　　1 aktiv　　　　**2** formell　　　**3** human　　　　**4** sportlich

(5)　**1**〜**4** の形容詞の元となる名詞が -e で終わるものを選びなさい。
　　　1 gierig　　　　**2** modisch　　　**3** jährlich　　　**4** flugfähig

(6)　名詞に書き換えた場合、語尾が -heit となる語。
　　　1 ausbilden　　**2** bereit　　　　**3** notwendig　　**4** betrunken

(7)　Chemie — Chemiker のように、「…を（専門と）する人」を表す時に -iker が語尾に付くものを選びなさい。
　　　1 Biologie　　　**2** Jura　　　　　**3** Mathematik　**4** Philosophie

❸ 類義語と類似した語の使い分け

[過去問]

(1) 次の (**A**)～(**D**) の（　）に入る語の組み合わせとして最も適切なものを選びなさい。

(**A**) Der Preis dieses neuen Autos ist （　　　）.

(**B**) Dieser Anzug ist zu （　　　）. Ich kann ihn mir nicht leisten.

(**C**) Das Studium kostet in Japan （　　　）.

(**D**) Ich habe im Lotto gewonnen. Der Gewinn war （　　　）.

	(**A**)	(**B**)	(**C**)	(**D**)
1	groß	hoch	teuer	viel
2	hoch	teuer	viel	groß
3	teuer	viel	groß	hoch
4	viel	groß	hoch	teuer

(2020 年冬)

(2) 次の文の (**A**)～(**D**) の（　）に入る語の組み合わせとして正しいものを選びなさい。

(**A**) Guten Tag, darf ich mich kurz （　　　）?

(**B**) Bitte schön, was möchten Sie （　　　）?

(**C**) Nur durch harte Arbeit kann man seine Träume （　　　）.

(**D**) Um einen Termin zu bekommen, muss man diese Formulare （　　　）.

	(**A**)	(**B**)	(**C**)	(**D**)
1	bestellen	vorstellen	erfüllen	ausfüllen
2	bestellen	vorstellen	ausfüllen	erfüllen
3	vorstellen	bestellen	erfüllen	ausfüllen
4	vorstellen	bestellen	ausfüllen	erfüllen

(2021 年夏)

 ヒント!

(1) の設問では、すべてが値段・価格・金額に関係しています。それぞれ、「高

価なこと」に当たる表現ですが、日本語で考えず、ドイツ語の文の主語の名詞と動詞の関係、形容詞との関係で考えてください。最初の問題が解けるとすべてできてしまいますが、逆に1つつまづくとすべて間違えてしまいます。

(2) の設問では、stellen と füllen が元で作られている動詞です。bestellen と vorstellen、erfüllen と ausfüllen の使い分けを問うものです。どれも基礎的な語彙ですから、用例とともに覚えておきたいものです。

解答解説📖   **Erläuterungen**

(1) (**A**) の主語の中心には、Der Preis (その価格) があり、動詞が ist ですから、ここに入る形容詞は hoch です。この文は、「この新車の価格は高い」という意味です。Der Preis が主語の時は、形容詞で teuer (〈価格が〉高い) を使ってはいけません。

(**B**) では Dieser Anzug (このスーツ) が主語になっています。商品の価格が高い時に使う形容詞は teuer です。この文は、「このスーツは値段が高すぎる。私にはそれを買う余裕はまったくない」という意味です。2番目に出てくる sich³ etwas nicht leisten können (〜を買う余裕がない) という表現はよく使われますので覚えておきましょう。

(**C**) Das Studium kostet で始まるこの文では、動詞が kosten (〜の値段である) が使われています。この動詞で値段が高いことを表す時は、副詞 viel を使います。動詞 kosten の目的語に viel Geld とすることも可能です。ここでの反意語は wenig です。動詞 kosten は、具体的な金額が目的語に置かれる用法が基本にあります。この文は「大学での勉強は日本では多くのお金がかかる」という意味です。主語の Studium は大学での学業を指す名詞として普通、使われます。

(**D**) 前の文が Ich habe im Lotto gewonnen. (私は宝くじを当てた) という文なので、Der Gewinn は「賞金」です。2番目の文の動詞は war なので、形容詞は groß を用います。「その賞金は大きかった」という表現は日本語では変ですが、「宝くじで大金を引き当てた」と言えば、「大金」というように「大」が使われます。逆に、「その賞金は少なすぎた」という場合は、Der Gewinn war zu wenig. と言います。

(2) (**A**) Guten Tag, darf ich mich kurz (　　　)? というのは、自己紹介の時の表現です。「こんにちは、ちょっと自己紹介させてください」という意味の文です。動詞 vorstellen が入ります。sich⁴ vorstellen と使うと「自己紹介する」と

27

いう意味ですが、jm jn vorstellen とすると「人³に人⁴を紹介する」という3・4格を取る使い方になります。

（**B**）Bitte schön, was möchten Sie（　　）? というのは（お店で店員さんがお客さんに向かって）「どうぞ、何になさいますか?」と注文する（bestellen）商品を尋ねる疑問文です。実際には、Bitte schön, was möchten Sie? だけでも使われますし、Bitte schön? だけでも文の語尾を上げれば同じ意味で使われます。

（**C**）Nur durch harte Arbeit kann man seine Träume（　　）. というのは「つらい仕事・勉強を通して、やっと自分の夢をかなえることができる」という文です。目的語が Träume（夢〈複数形〉）になっているのがポイントです。「夢をかなえる」時の動詞は erfüllen です。

（**D**）では、diese Formulare（申し込み用紙）が目的語になっています。ここで入れるべき動詞は「用紙（の空欄）に（もれなく）記入する」という意味の ausfüllen です。そうすると、この文は「予約時間を取るためには、この用紙に記入しなければなりません」という和訳ができます。お店や診療所で自分の行く時間を予約するような場面で使われる文です。

> 解答　(1) **2**　(2) **3**

学習のポイント 🔑 　　　　　　　　　　　　　　　**Kernpunkte**

類義語と類似した語の使い分け

　類義語と言われてもピンとこない人も多いと思います。同義語のことかなと思う人も多いはずです。日本語ではあまり意識されませんが、ドイツ語（や他の欧米諸言語）で文章を書く際には、同じ表現を繰り返し使わないというのが鉄則になっています。**類義語辞典**（Synonymwörterbuch）は、文章を書く人にとってはとても重要です。

　過去問（1）では値段が高いことを表す類似した表現が並んでいました。kosten という動詞を除くと、形容詞の類似表現と見なすこともできます。過去問（2）では、同じ基礎動詞から作られた類似した動詞の使い分けが出題されていました。これは、正確に言えば、類義語の問題ではありません。**類似した語の使い分け**が問われています。

類義語の例

　Schülerduden Synonyme（2021）から、形容詞 teuer と動詞 bekommen の記述の一部を見てみましょう。teuer は、同書の 485 ページからの一部引用で

28

す。

> **teuer 1.** aufwendig, hochpreisig, kostbar, kostspielig, nicht billig, nicht zu bezahlen, unbezahlbar, unerschwinglich, viel wert, wertvoll; *(ugs. emotional):* schweineteuer.

「(値段が) 高い」という意味の teuer の類義語が並んでいます。中には、nicht billig (安くはない) とか、nicht zu bezahlen (払うことができない)、さらには viel wert や wertvoll (多くの価値がある) のようなものが並んでいて、最後には感情的な強調語として schweineteuer が出ています。すべての類義語が同じように使えるわけではないことに注意しましょう。それぞれの語がどのような使い方なのかは、個々の語を辞書で調べて確認する必要があります。
　bekommen は、同書の 108 ページからの一部引用です。

> **bekommen 1. a)** erhalten, erteilt/gewährt werden, hinnehmen müssen, zugestanden werden; *(geh.):* bedacht werden, zuteilwerden; *(ugs.):* kriegen.

bekommen は「〜をもらう」という意味の動詞です。積極的な行為をして入手するのではないので、辞書によっては「〜を人から与えられる」という受動態のような和訳も付いています。ここでも、erteilt/gewährt werden のような受動態の言い換えが書かれているのはそのためです。有名な文体上の差異のある語は、erhalten と kriegen です。erhalten は、かなり形式ばった表現なのに対して、kriegen は極めて口語的な表現です。類義語を学ぶことで、語彙力をつけることはとても重要です。

類似した語 (似ているのでよく間違えてしまう語)
　外見が似ているのでよく間違えてしまう語は、いろいろあります。ここでは、**見かけが似ている名詞、見かけが似ている動詞、見かけが似ている形容詞／副詞**をいくつか載せます。
　この他に、同じように見えて違う名詞には、名詞の性が違うものがありますが、これは 12 ページのコラムを見てください。

29

見かけが似ている名詞

名詞：…blick

der	**Blick**	-(e)s/-e	**1.** 短時間何かに目を向けること　**2.** 目つき　**3.** 眺め
der An**blick**		-(e)s/-e	**1.** 見ること　**2.** 瞬間的に目に入ってくること
der Aus**blick**		-(e)s/-e	**1.**（auf/über et⁴）見晴らし　**2.**（将来への）展望

名詞：…schrift

die	**Schrift**	-/-en	**1.** 文字、活字　**2.** 手書き文字　**3.** 書かれたもの、著書
die An**schrift**		-/-en	あて名
die Auf**schrift**		-/-en	（物の表面に）書かれたもの

名詞：…sicht

die	**Sicht**	-/	目で見ること、見えること、眺め、視点
die An**sicht**		-/-en	**1.**（über jn/et⁴）/（zu et³）意見　**2.** 風景、風景画、風景写真　**3.** 見えている面
die Auf**sicht**		-/-en	**1.**（über jn/et⁴）監視　**2.** 監督者
die Aus**sicht**		-/-en	**1.**（auf et⁴）眺め　**2.**（auf et⁴）見通し

名詞：…trag

der An**trag**		-(e)s/Anträge	**1.**（auf et⁴）申請　**2.** 申請書　**3.** 提案　**4.** 結婚の申し込み
der Auf**trag**		-(e)s/Aufträge	**1.** 依頼　**2.** 注文　**3.** 重要な使命

名詞：Be…chtigung

die **Berechtigung**	-/-en	（zu et³）権利、資格（動詞 berechtigen から）
die **Berichtigung**	-/-en	訂正、修正（動詞 berichtigen から）

名詞：…schatz…

der **Schatz**	-es/Schätze	**1.** 財宝　**2.**（an et³）収集品　**3.** 大切にしている物
die **Schätz**ung	-/-en	見積り、査定
Boden**schätze**	（複数）	地下資源

名詞：Gegen...

der **Gegen**satz	-es/Gegensätze	対立点、対照
das **Gegen**teil	-(e)s/-e	逆（のもの）、反対（のもの）

名詞：Kleid...

das **Kleid**	-es/Kleider	**1.** ドレス、ワンピース　**2.** ［複数で］衣類
die **Kleid**ung	単数で	衣類

名詞：...kost...

die **Kost**	単数で	**1.** 食べ物　**2.** 食事の世話
Kosten	複数で	**1.**（für et⁴）費用　**2.** 犠牲
Un**kost**en	複数で	（追加的にかかる）雑費

名詞：...nahrung...

die	**Nahrung**	単数で	（動物・人間の）飲食物
das	**Nahrung**smittel	-s/-	［通常複数で］食品
die	Er**nähr**ung	単数で	**1.** 栄養を与えること　**2.** 食品　**3.**（家族の）扶養

名詞：Schuld...

die **Schuld**	-/-en	**1.**（an et³/für et⁴）罪　**2.**（an et³/für et⁴）責任　**3.** 罪悪感
Schulden	複数で	借金、負債

名詞：...such...

die Unter**such**ung	-/-en	**1.** 検査、調査　**2.** 研究
der Ver**such**	-(e)s/-e	**1.** 実験　**2.** 試み
die Ver**such**ung	-/-en	誘惑

名詞：Ver...en

das **Ver**fahren	-s/-	**1.** やり方、方法　**2.**（gegen jn/et⁴）訴訟手続き
das **Ver**halten	-s/	態度、振る舞い方（複数は Verhaltensweisen と言う）

名詞：Wort...

Wörter	das Wort の複数形	単語、語
Worte	das Wort の複数形	言葉、文言（もんごん）

31

見かけが似ている動詞

（ここでは主要な典型的用法だけを載せています。詳細な用法は辞書を見てください）

動詞：...achten

achten	他	jn/et^4 achten	... を尊敬する
	自	auf jn/et^4 achten	... に注意する
be**achten**	他	jn/et^4 beachten	... に注意する

動詞：...bauen

bauen	他	**1.** et^4 bauen	... を建てる
		2. et^4 bauen	... を組み立てる
	自	**1.** jd. baut.	（人）が建物を建てる
		2. an et^3 bauen	... の建築に従事している
an**bauen**	他	**1.** et^4 anbauen	（作物）を栽培する
		2. et^4 anbauen	（建物）を増築する
ein**bauen**	他	et^4. A (in et^4. B) einbauen	A を B に組み込む

動詞：...bieten

bieten	他	**1.** jm et^4 bieten	（人）に（物）を与えようと申し出る
		2. et^4 bieten	... を見せる、呈する
an**bieten**	他	**1.** jm et^4 anbieten	（人）に（物）を与えようと申し出る
		2. [jm] et^4 anbieten	[（人）に]（物）を提案する

動詞：beten vs. bitten

beten	自	[für jn/um et^4] [zu Gott] beten	（人）のために／（事）を［神に］祈る
	他	et^4 beten	... を唱えて祈る
bitten	他	jn [um et^4] bitten	（人）に［（事）をする／（物）をくれるように］頼む

動詞：...ändern

ändern	他	**1.** et^4 ändern	... を変える
		2. et^1. A ändert et^4. B.	A が B を変える
	再	jd/et^1 ändert sich^4.	... が変わる
ver**ändern**	他	jn/et^4 verändern	... を変える
	再	**1.** sich^4 verändern	変わる
		2. jd verändert sich^4 [beruflich].	転職する

動詞：...ziehen

an**ziehen**	他	**1.** jm et⁴ anziehen	（人）に（物）を着せる
		2. [sich³] et⁴ anziehen	（衣類）を着る
		3. jn anziehen	（人）を魅了する
		4. et⁴ anziehen	（ねじ、弦、弓）を引き締める
	再	sich⁴ anziehen	衣類を着る
	自	et¹ zieht an.	（価格）が上昇する
aus**ziehen**	他	**1.** [jm] et⁴ ausziehen	（人）の着ている（衣類）を脱がす
		2. jn ausziehen	（...の衣類）を脱がす
		3. et⁴ ausziehen	（物）を引き伸ばす、引き出す
	自 (+s.)	[aus et³] ausziehen	（部屋）を引き払う、 （...から）引っ越す
um**ziehen**	他	jn umziehen	（人）を着替えさせる
	再	sich⁴ umziehen	着替える
	自 (+s.)	(+ 方向) sich⁴ umziehen	（...へ）引っ越す

動詞：...fallen

aus**fallen**	自 (+s.)	**1.** jd/et¹ fällt [jm] auf.	（人／物）が [（人）の] 注意をひく
		2. et¹ fällt auf et⁴ auf.	（物）が ... の上に落ちる
ein**fallen**	自 (+s.)	**1.** et¹ fällt jm ein.	（物）が（人）の念頭に浮かぶ
		2. et¹ fällt ein.	（建物の一部）が倒壊する

動詞：...lösen

auf**lösen**	他	**1.** et⁴. A [in et³. B] auflösen	A を（B の中で）溶かす
		2. et⁴ auflösen	（契約、組織）を解消する
		3. et⁴ auflösen	（クイズ、課題）を解く
	再	et¹. A löst sich [in et³. B] auf.	A が（B の中で）溶ける
aus**lösen**	他	**1.** et⁴ auslösen	（反応、効果）を引き起こす
		2. et⁴ auslösen	... を（無意識に）作動させてしまう
		3. jn auslösen	（お金を払って）... を釈放させる

動詞：...setzen

ansetzen	他	1. et⁴ ansetzen	(話し合い、会議)を設定する
		2. et⁴ ansetzen	(楽器、道具)を当てがう
		3. et⁴ irgendwie ansetzen	...を～に見積もる
		4. et⁴ ansetzen	(花、実)をつける、(かび、さび)がつく
		5. jn auf jn/et⁴ ansetzen	(人)を(人／物)に差し向ける
	再	et¹ setzt sich an.	(物)が生じる、付着する、沈殿する
	自	1. et¹ setzt sich an.	(〈植物が〉つぼみ、花、実)をつける
		2. zu et³ ansetzen	...の準備にかかる
		3. jd/et¹ setzt an.	...が始まる
aufsetzen	他	1. et⁴ aufsetzen	(メガネ、帽子、仮面)をかける、かぶる
		2. et⁴ aufsetzen	(表情)を浮かべる
		3. jn aufsetzen	(人)の上体を起こす

動詞：aufwachen vs. aufwecken

aufwachen	自 (+s.)	jd wacht auf.	(人)は目が覚める
aufwecken	他	jn aufwecken	(眠っている人)を起こす

動詞：...steigen

absteigen	自 (+s.)	1. [von et³] absteigen	(自転車、馬から)降りる
		2. irgendwo absteigen	(ホテル)に宿泊する
aussteigen	自 (+s.)	1. [aus et³] aussteigen	(乗り物から)降りる
		2. [aus et³] aussteigen	(プロジェクト、商売)から手を引く

動詞：berichten, berichtigen, benachrichtigen

berichten	他	1. [jm] et⁴/dass- 文 berichten	(人に)...を伝える
		2. [jm] von et³/über et⁴ berichten	(人に)...を伝える
berichtigen	他	1. et⁴ berichtigen	...を訂正する
		2. et⁴ berichtigen	(借金)を返済する
benachrichtigen	他	jn [von et³/dass- 文] benachrichtigen	
			(人に)...を通知する

動詞：beobachten vs. betrachten

beobachten	他	1. jn/et⁴ beobachten	（動いている人、物）を注意深く観察する
		2. et⁴ [an jm] beobachten	（口語）[（人）の]... に気がつく
		3. beobachten, dass ...	... に気がつく
betrachten	他	1. jn/et⁴ betrachten	（静止した人・物）を詳細に観察する
		2. jn/et⁴ irgendwie betrachten	... を〜に観察する
		3. jn/et⁴. A als jn/et⁴. B betrachten	A を B と見なす

動詞：...brennen

brennen	自	1. et⁴ brennt.	（物）が燃える
		2. et⁴ brennt.	（明かりが）ともる
		3. et⁴ brennt.	（傷口、目が）ひりひりする
abbrennen	他	1. et⁴ abbrennen	（物）を焼却する
		2. et⁴ abbrennen	（花火、火薬）に火をつける
	自 (+s.)	et¹ brennt ab.	（物）が燃え尽きる
anbrennen	自 (+s.)	1. et¹ brennt an.	（料理中のものが）焦げつく
		2. et¹ brennt an.	（物）が（軽く）燃え始める
	他	et⁴ anbrennen	... に火をつける
verbrennen	自 (+s.)	1. et¹/jd verbrennt.	... が焼失する、焼死する
		2. et¹/jd verbrennt.	... が焦げる
	他	1. et⁴ verbrennen	... を燃やす、やけどさせる
		2. et⁴ verbrennen	[口語]... を日焼けさせる

動詞：drucken vs. drücken

drucken	他	et⁴. A [auf et⁴. B] drucken	A を [B の上へ] 印刷する
drücken	他	1. et⁴ irgendwohin drücken	... を（どこかへ）押しつける
		2. et⁴ drücken	... を圧迫する
		3. et⁴ drücken	（物価）を低く抑える

動詞：sich ereignen vs. stattfinden

| sich ereignen | 再 | et¹ ereignet sich⁴. | （事故、不幸な出来事）が（突然）起きる |
| stattfinden | 自 | et¹ findet statt. | （計画された出来事）が開催される |

動詞：erschrecken 他 vs. erschrecken 自

erschrecken	他 erschreckte — erschrekt		
		jn erschrecken	（人）を驚かす
erschrecken	自 (+s.) erschrak — erschrocken		
		1. [von jm/et³] erschrecken	[... に] 驚く
		2. [über jn/et⁴] erschrecken	[... に] 驚く

動詞：...fallen

fallen	自 (+s.)	**1.** et¹ fällt.	（物）が落ちる
		2. jd fällt irgendwohin.	（人）が (... へ) 倒れる
		3. et¹ fällt.	（温度、熱が）下がる
		4. jd fällt.	（人）が戦死する
fällen	他	**1.** einen Baum fällen	木を切り倒す
		2. et⁴ [über et⁴] fällen	
			［文語］[（事）に関する]（決断）を下す
		3. et⁴ [über jn/et⁴] fällen	
			［文語］[（人、事）に対しての]（判決）を下す
hinfallen	自 (+s.)	**1.** jd fällt hin.	（人が）転倒する
		2. et¹ fällt [jm] hin.	（物）が (〜の手から) すべり落ちる

動詞：...fordern vs. fördern

fordern	他	**1.** [von jm/et³] et⁴ fordern	（人・物）に（事）を要求する
		2. et¹ fordert jn.	（事）が（人に）多大な労力を求める
fördern	他	**1.** jn/et⁴ fördern	援助する、奨励する
		2. et¹ fördert et⁴.	（事）が ... を強める
		3. et⁴ fördern	（地下資源）を採掘する
auffordern	他	**1.** jn [zu et³] auffordern	（人）に [... するように] 促す
		2. jn zu et³ auffordern	（人）に ... するように要求する
		jn auffordern, zu- 不定詞	（人）に ... するように要求する

36

動詞：...frieren

frieren	自	1.		[an et³] frieren	（身体部位）が凍える
		2. (+s.)		et¹ friert [zu et³].	凍る［凍って（...に）なる］
		3.		es friert jn.	（人）はこごえるほど寒い
erfrieren	自 (+s.)	1.		jd erfriert.	（人、生き物）が凍死する
		2.		et¹ erfriert jm.	（人）が凍傷にかかる
		3.		et¹ erfriert.	（果物、野菜）が寒気でだめになる
	他			sich³ et⁴ erfrieren	（身体部位）が凍傷にかかっている
zufrieren	自 (+s.)			et¹ friert zu.	（湖、池）が氷結する

動詞：heiraten vs. verheiraten

heiraten	他	1. [jn] heiraten	［（人）と］結婚する
		2. irgendwohin heiraten	結婚して（...へ）行く
verheiraten	再	sich⁴ [mit jm] verheiraten	［（人）と］結婚する
		「[... と] 結婚している」（状態）は [mit jm] verheiratet sein	

動詞：...laden

laden	他	1. et⁴ irgendwohin laden	（物）を（...へ）積み込む
		2. et⁴ irgendwoher laden	（物）を（...から）おろす
		3. et⁴ laden	（バッテリー）を充電する
		4. [et⁴] laden	［（銃に弾丸を）］装填する
beladen	他	et⁴. A [mit et³. B] beladen	A に [B を] 積む

動詞：mahlen, malen vs. bemalen

mahlen	他	1. et⁴ mahlen	（穀物）をひいて製粉する
		2. et⁴ mahlen	（小麦粉）を（製粉して）作る
malen	他	1. [et⁴] malen	［（絵）を］絵の具で描く
		2. [et⁴] malen	［（物）を］絵の具で塗る
		3. jn/et⁴ malen	（人・物）を絵の具で描く
bemalen	他	et⁴ [mit et³] bemalen	（物）に［絵の具で］色をつける

動詞：...schießen

schießen	他	1.	et⁴ schießen	（動物）を撃つ
		2.	jm [et⁴] irgendwohin schießen	
				（人）の ... へ［銃弾を］撃ち込む
		3.	[et⁴][irgendwohin] schießen	
				［ボールを］［... へ向けて］蹴る
	自	1.	[mit et³][auf et⁴/jn] schießen	
				［武器で］［... に狙いを定めて］撃つ
		2.	irgendwohin schießen	［口語］（... へ）突進する
anschießen	他	1.	jn/et⁴ anschießen	（人・動物）を射撃して傷を負わせる
		2.	jn anschießen	［口語］激しく非難する
		3.	jn anschießen	（人）に向かってボールを蹴る
erschießen	他		jn erschießen	（人）を射殺する

動詞：...schreiben

aufschreiben	他	1.	[sich³] et⁴ aufschreiben	（物、事）をメモする
verschreiben	他	1.	[jm] et⁴ verschreiben	［人に］（薬）を処方する
		2.	et⁴ verschreiben	書いて（紙、鉛筆）を使い果たす
	再		sich⁴ verschreiben	書き間違える
vorschreiben	他	1.	jm et⁴ vorschreiben	（人）に（物）を手本として書く
		2.	[jm] et⁴ vorschreiben	［人］に（事）を指示する

動詞：...treten

treten	他	1.	jn [irgendwohin] treten	（人の）... を蹴る
		2.	et⁴/irgendwohin treten	... を踏む
	自	1.	nach et³/jm treten	... に向かって蹴る
		2.（+s.）	irgendwohin treten	... へ向かって歩み出る
		3.（+s.）	in et⁴ treten	（ある状態に）入る
betreten	他	1.	et⁴ betreten	（部屋、家の中）に入る
		2.	et⁴ betreten	（舞台、芝生の上）に足を踏み入れる
eintreten	他		et⁴ eintreten	足で蹴って ... を壊す
	自（+s.）	1.	[in et⁴] eintreten	（... の中へ）入る
		2.	et¹ tritt ein.	（事）が生じる、始まる

動詞: verbreiten vs. verbreitern			
verbreiten	他	et⁴ verbreiten	（物、事）を広める
	再	et¹ verbreitet sich⁴ irgendwo/über et⁴.	（物、事）が ... で広まる
verbreitern	他	et⁴ verbreitern	（物）の幅を広げる
	再	et¹ verbreitert sich⁴.	（物）の幅が広がる

動詞: wecken vs. ...wachen			
wecken	他	1. jn wecken	（人）を起こす
		2. et⁴ [in jm/bei jm] wecken	
			（人の）[記憶、関心、感情] を目覚めさせる
wachen	自	1. jd wacht.	（人）が目を覚ましている
		2. bei jm wachen	（病人）の看護をする
		3. über jn/et⁴ wachen	（人、物）を監視する
erwachen	自 (+s.)	1. [aus et³] erwachen	（睡眠から）目を覚ます
		2. aus et³ erwachen	（昏睡状態から）意識が戻る
		3. et¹ erwacht in jm.	（感情、意識）が（人）に芽生える
aufwachen	自 (+s.)	1. jd wacht auf.	（人）が目覚める
		2. [aus et³] aufwachen	（夢、麻酔）から覚める

見かけが似ている形容詞 / 副詞
（現実の口語では、似かよった形容詞を混同して使う例も見られます）

形容詞・副詞: anscheinend vs. scheinbar
▶**anscheinend** 　副　 見たところ ... らしい（話し手の判断）
Er ist anscheinend krank. 　彼は見たところ病気らしい。
▶**scheinbar** 　副　 見かけは ... だが（実際には違う）
Die Erde dreht sich scheinbar um den Mond.
地球は見かけは月の周りをまわっている。

形容詞・副詞: anstrengend vs. angestrengt
▶**anstrengend** 　形　 骨が折れる、きつい
Das ist eine anstrengende Arbeit. 　それはきつい仕事だ。
▶**angestrengt** 　副　 気持ちを集中して
Ich habe angestrengt darüber nachgedacht.
私は集中してそれをじっくり考えた。

形容詞・副詞: aufdringlich, eindringlich, dringend

▶**aufdringlich** 形 押しつけがましい、しつこい
Der Verkäufer ist mir zu aufdringlich.
その店員は私には押しつけがましすぎる。

▶**eindringlich** 副 強烈な、強く訴えかける
Er hat mich eindringlich gewarnt.
彼は私に強く警告した。

▶**dringend** 副 緊急の、差し迫った
Ich brauche dringend Hilfe.
私は緊急に助けを必要としている。

形容詞・副詞: bedenkenlos vs. gedankenlos

▶**bedenkenlos** 副 むこうみずな、ためらわず
Hier können Sie bedenkenlos Geld ausgeben.
ここであなたはためらわずにお金を使うことができます。

▶**gedankenlos** 形 軽率な、不注意な
Das war wirklich gedankenlos von mir.
それは本当に私の不注意でした。

形容詞・副詞: erstaunlich vs. erstaunt

▶**erstaunt** 驚くべき
Auf diesem Gebiet hat er ein erstaunliches Wissen.
この分野で彼は驚くべき知識を持っている。

▶**erstaunt** （人が）... に驚いている（über et⁴/jn）
Der Politiker ist erstaunt über die Zahl der Proteste.
その政治家は抗議の数に驚いている。

形容詞・副詞: geistig vs. geistlich

▶**geistig** **1.** 精神的な; **2.** アルコールを含んだ
1. Trotz seines hohen Alters ist er geistig noch sehr aktiv.
 高齢にもかかわらず彼は精神的にまだとても活動的だ。
2. geistige Getränke アルコール飲料

▶**geistlich** キリスト教会の、宗教上の
Das ist eine kleine Sammlung geistlicher Lieder.
これは小さな聖歌集です。

形容詞・副詞: gewöhnlich vs. gewohnt

▶ **gewöhnlich** 通常の

Sie fährt gewöhnlich um sieben Uhr zur Arbeit.

彼女は通常 7 時に仕事にでかける。

▶ **gewohnt** **1.**（付加語的）ふだんの；**2.**（述語的）慣れている

1. Sie gingen ihren gewohnten Weg.

彼らはふだん通る道を行った。

2. Ich bin (es) gewohnt, spät ins Bett zu gehen.

私は遅い時間に寝に行くのに慣れている。

形容詞・副詞: langweilig vs. gelangweilt

▶ **langweilig** 退屈な、つまらない

Das war ein langweiliger Roman.

それは退屈な小説だった。

▶ **gelangweilt** （人が）退屈している

Der Kellner stand im leeren Restaurant gelangweilt herum.

その店員さんはからっぽのレストランで退屈してぼんやりつっ立っていた。

形容詞・副詞: nahegelegen vs. naheliegend

▶ **nahegelegen** 近くにある

Die Kinder schwimmen gern im nahegelegenen Schwimmbad.

その子供たちは近くのプールで泳ぐのが好きだ。

▶ **naheliegend** 当然である、分かりやすい

Es ist naheliegend, dass er sich beschwert hat.

彼が苦情を言うのは当然である。

形容詞・副詞: überraschend vs. überrascht

▶ **überraschend** 驚くべき

Wir haben eine überraschende Lösung gefunden.

私たちは驚くべき解法を見つけた。

▶ **überrascht** （人が）... に驚いている (über et⁴/jn)

Wir sind über deinen Entschluss überrascht.

私たちは君の決断に驚いている。

[例　題]　　　　　　　　　　　　　　　　　　（解答は 173 頁）

次の（**A**）〜（**D**）の（　　）に入る語の組み合わせとして最も適切なものを選びなさい。

(1)

（**A**）Gegen Mittag ist Peter endlich（　　　　）.

（**B**）Achtung: Radfahrer vor der Brücke（　　　　）.

（**C**）Warum hast du mich so früh（　　　　）?

（**D**）Endstation! Alles（　　　　）.

	（**A**）	（**B**）	（**C**）	（**D**）
1	aufgewacht	aussteigen	aufgeweckt	absteigen
2	aufgewacht	absteigen	aufgeweckt	aussteigen
3	aufgeweckt	aussteigen	aufgewacht	absteigen
4	aufgeweckt	absteigen	aufgewacht	aussteigen

(2)

（**A**）Hast du schon alles（　　　　）überlegt?

（**B**）Für den neuen Chef ist die Arbeit sehr（　　　　）.

（**C**）Er kommt（　　　　）spät nach Hause.

（**D**）Der Politiker antwortete in（　　　　）ruhigem Ton.

	（**A**）	（**B**）	（**C**）	（**D**）
1	gewohnt	gewöhnlich	anstrengend	angestrengt
2	gewöhnlich	gewohnt	angestrengt	anstrengend
3	anstrengend	angestrengt	gewöhnlich	gewohnt
4	angestrengt	anstrengend	gewöhnlich	gewohnt

(3)

（**A**）Welche（　　　　）sind nicht mehr essbar?

（**B**）In diesen Ländern fehlen vor allem（　　　　）.

（**C**）Hauptursachen sind schlechte（　　　　）und zu wenig Bewegung.

（**D**）Dort können sich die Flüchtlinge aufwärmen und（　　　　）

erhalten.

	(A)	(B)	(C)	(D)
1	Ernährung	Nahrung	Lebensmittel	Nahrungsmittel
2	Ernährung	Nahrungsmittel	Lebensmittel	Nahrung
3	Lebensmittel	Ernährung	Nahrung	Nahrungsmittel
4	Lebensmittel	Nahrungsmittel	Ernährung	Nahrung

(4)

(A) Der Arzt hat mir Tabletten (   ).

(B) Ich habe mir deine Telefonnummer (   ).

(C) Wir wollen uns nicht (   ) lassen, wie wir unsere Kinder erziehen sollen.

(D) Ich habe ihr den Weg zum Bahnhof (   ).

	(A)	(B)	(C)	(D)
1	aufgeschrieben	beschrieben	verschrieben	vorschreiben
2	verschrieben	aufgeschrieben	vorschreiben	beschrieben
3	verschrieben	beschrieben	aufgeschrieben	vorschreiben
4	aufgeschrieben	vorschreiben	verschrieben	beschrieben

---------------- ❹ アクセント

┌───┐

[過去問]

(1) 意味が対応する動詞と名詞でアクセント（強勢）の位置が変わらな
   いものを選びなさい。

   1 unterhalten   – Unterhaltung
   2 unterrichten   – Unterricht
   3 unterscheiden   – Unterscheidung
   4 unterschreiben   – Unterschrift

   （2017 年冬）

(2) 次の会話文の下線部の語のうち、通常最も強調して発音されるもの
   を選びなさい。

   A Hast du gehört, dass alle Spiele des FC-Bayern-München seit
     gestern ausverkauft sind?
   B Was? Ich wollte mir heute eine Karte kaufen.
   1 wollte   **2** heute   **3** Karte   **4** kaufen

   （2018 年夏）

(3) 下線部の動詞のアクセントの位置が異なるものを選びなさい。

   1 Ohne Vorbereitung wirst du bei der Prüfung durchfallen.
   2 Ich werde ihn heute Abend zu Hause anrufen.
   3 Diese Vorschriften muss man ins Japanische übersetzen.
   4 Du kannst am Hauptbahnhof umsteigen.

   （2019 年夏）

└───┘

ヒント！

（1）で問われているのは、unter- という前綴りです。この前綴りは分離前綴り
としても非分離前綴りとしても使われます。ただし、Langenscheidt の独独辞
典で調べてみると、unter- で始まる動詞のおよそ 70% は非分離動詞です。こ
の設問では意味的に対応した名詞で、アクセントが語頭に移動してしまうもの
を選ぶものです。

（2）会話文の下線部の語のうち、通常最も強調して発音されるものを選択する

ということは、疑問文と答えの文を比較した時に、もっとも求められている情報（焦点となっている情報）を担う語を選ぶことになります。疑問文の中のausverkauft というのは、「売り切れている」という意味です。売り切れるものは、疑問文の中で直接出てきませんが、チケット（Karte）です。FC-Bayern-München がサッカーチームの名前であることを知っていれば、容易に想像できます。

(3) 動詞のアクセントの位置が異なるものを選ぶ問題ですが、動詞を見ると、ここでも分離動詞と非分離動詞が使われていることが分かります。分離動詞は分離の前綴りにアクセントが置かれ、非分離動詞は基礎動詞の方にアクセントが置かれるという原則がありました。

解答解説📖　　　　　　　　　　　　　　　　　Erläuterungen

(1) 左側にある動詞はすべて非分離動詞です（大きな辞典を調べると、unter-halten には分離動詞も掲載されていますが、使われる頻度は極めて低いもので、名詞の Unterhaltung とは意味上対応していません）。さて、この中で、対応した名詞で語頭にアクセントがあるものは、**Unterricht**（授業）と **Unterschrift**（署名）です。設問は、アクセント（強勢）の位置が変わらないものを選ぶので、Unterha**l**tung（維持：談話）と Untersche**i**dung（区別）がいずれも基礎動詞の側にアクセントが置かれていて変わらないので、これが正解です。

(2) 疑問文は、「FC-Bayern-München のすべての試合の切符が昨日から売り切れていることを聞いた？」というもので、それに対応した反応の文は、「なんだって？　私は、今日、一枚切符を買おうと思っていたのに」というものです。2つの文で対比的な語は、seit gestern と heute です。答えた側の文では、heute が強調されて発音されることが予想できます。

(3) 動詞のアクセントの位置が異なるものを選ぶのですが、ここでも分離動詞と非分離動詞が使われています。選択肢 **2** の anrufen と選択肢 **4** の umsteigen は明らかに分離動詞ですから、分離の前綴りにアクセントがあります。選択肢 **1** の durchfallen と選択肢 **3** の übersetzen は、単独でみると分離動詞でも非分離動詞でもあります。選択肢 **3** は「翻訳する」という意味で使われていますので、非分離動詞で、アクセントは基礎動詞の方にありますのでこれが正解です。選択肢 **1** の durchfallen は「試験に落ちる」という意味で分離動詞です。ちなみに非分離動詞の durchfallen は、「落下する」という空間的意味を持っています。

解答 (1) **1, 3** (2) **2** (3) **3**

学習のポイント 🔑   **Kernpunkte**

A. 語のアクセント

　ドイツ語の語アクセントは、英語と同じように特定の音節 (シラブル) を強く発音するものとして知られていますが、文中では前後関係によって音の高低にも影響を受けます (そこで、ダイナミック・アクセントと呼ばれることもあります)。ゲルマン語系の多くの語 (つまり、昔からドイツ語だった語) は、語頭にアクセントが置かれる、と言われています。それに対してドイツ語にとっての外来語は、後ろの方にアクセントが置かれます。英語と (ほぼ) 同じ形をしたドイツ語の単語が出てきたら、後ろの音節にアクセントがあることを疑ってください。

　さらに、特定の外来語系の接尾辞はアクセントを持っています。これらは、例外なく語のアクセントを決めますので、必ず覚えておきましょう。

A-1. 動詞の語尾：

○ -ieren: 外来語をドイツ語動詞化する語尾で、ie の部分に必ずアクセントが置かれる。過去分詞形は、ge- がつかない。

    stud**ie**ren 動 (大学で) 学ぶ　　　　[ラテン語の studēre から]

    organis**ie**ren 動 ... に通知する　　[フランス語の organiser から]

A-2. 形容詞の語尾：

○ -al: 名詞について「... に関する、に似た」という意味の形容詞を作る語尾。-ial となることもある。a の上にアクセントが置かれる。

    Form 名 形式　　　　　　　form**al** 形 形式的な

    Fundament 名 基礎　　　　fundament**al** 形 基礎的な

    Person 名 人　　　　　　　person**al** 形 人の

○ -ell: 名詞について「... に関する、に属する」という意味の形容詞を作る語尾。-iell、-uell となることもある。e の上にアクセントが置かれる。

    Finanz 名 財務　　　　　　finanzi**ell** 形 財政上の

    Industrie 名 工業　　　　　industri**ell** 形 工業の

    Intellekt 名 知性　　　　　intellektu**ell** 形 知性の

○ -ität: 形容詞について、多くの場合「性質」を表し、女性名詞を作る。

human 形　人道的な	Humanität 名 人間性
spezial 形 (=speziell) 特殊な	Spezialität 名 特殊性；特産品
populär 形　人気のある	Popularität 名 人気；庶民性

○ -ion： -ieren に終わる外来語系の動詞を女性名詞にする。形は、-ation, -ition, -ision になる。多くの場合「性質」を表す。アクセントは o の上に置かれる。

fungieren 動： 機能する	Funktion 名： 機能
diskutieren 動： 議論する	Diskussion 名： 議論
operieren 動： 手術する	Operation 名： 手術

○ -ement：「行為、行為の結果としてのモノ」を表す中性名詞を作る。アクセントは、後ろの e の上に置かれる。-ament, -iment になることもある。

Arrangement 名： 手配
Medikament 名： 薬
Sortiment 名： 一組の品

A-3. 分離動詞と非分離動詞のアクセント

　分離動詞は分離の前綴りにアクセントが置かれ、非分離動詞は基礎動詞の方にアクセントが置かれるという原則があります。そうすると、分離動詞と非分離動詞の両方の解釈のできる前綴りの区別は、アクセントでできます。**分離動詞と非分離動詞の両方の解釈のできるおもな前綴りは、durch-、über-、um-、unter- です。**

　以下の例は、（1）が分離動詞で、「ペーターは、まず第一にその門を通って行かねばならない」という意味、（2）が非分離動詞で、「ペーターは、まず第一に（大学の）学業を修了しなければならない」という意味です。助動詞 müssen を使った文なので、文末の動詞（原形）だけを見ると区別がつきませんが、（1）では **durch**laufen、（2）では durch**laufen** となります。ちなみに、現在完了にすると、（3）と（4）のように過去分詞形でも区別がつきます。

（1）　Peter muss zuerst durch das Tor durchlaufen.
　　　　ペーターは、まず第一にその門を通って行かねばならない。
（2）　Peter muss zuerst sein Studium durchlaufen.
　　　　ペーターは、まず第一に（大学の）学業を修了しなければならない。

（3） Peter **ist** durch das Tor **durchgelaufen**.
ペーターは、その門を通って行った。
（4） Peter **hat** sein Studium **durchlaufen**.
ペーターは、（大学の）学業を終了した。

B. 文アクセント

　独検2級の問題で「通常最も強調して発音されるもの」と呼ばれているのは、会話の流れの中での文アクセントのことです。この場合、実態は**焦点アクセント**で、文の**イントネーションの中で新しい情報を担っている**ために強調されるものです。Duden の文法書（2022）の544頁に載っている単純な疑問文と答えの文で考えてみましょう。

（A） Wann hat der Hund gebellt? – Der Hund hat ［_{FOKUS} MORgens］ gebellt.

　「いつ、その犬は吠えましたか？」という疑問文に対して、答えとして求められるのは、時間です。ですから、時間を表す morgens（朝です）だけを答えることができます。この名前が新情報を担っていて、焦点になります。文で答える場合は、morgens の最初の音節 MOR が強調されます。一般的に想定されるのは、mittags（昼）や abends（夜）ではなく、「朝」だという他の時間に対する比較対照です。
　それに対して、（B）のように定動詞 hat が強調されることがあります。これは、「そのネズミがそのチーズを全部食べてしまった」という文が表していることが実際に起こったことを強調することになります。

（B） Die Maus ［焦点 HAT］ den ganzen Käse aufgegessen.

　焦点の置き方によって、対照されるものが変わります。（C）のように Käse（チーズ）が強調されれば、「そのネズミが食べたもの」が背景にあることになりますし、（D）のように不定冠詞の einen に焦点が置かれると、「2つ」や「3つ」のチーズではなく、「1つ」のチーズが強調されます。

（C） Die Maus frisst ［焦点 einen KÄse］.
（D） Die Maus frisst ［焦点 EInen］ Käse.

今度は、過去問の中にあった返事の文から、逆に焦点情報を考えてみましょう。

（E）　Ich wollte mir heute eine Karte kaufen.
　　　私は、今日、一枚チケットを買いたいと思っていたんだけど。

この文では、主語の ich、助動詞の wollte、時間副詞の heute、目的語の eine Karte、動詞の原形 kaufen が焦点の対象になることができます。Wer（誰が）が焦点なら、Wer wollte heute eine Karte kaufen? という疑問文ができますから、その時は、主語の Ich を強調して発音することになります。wollte はやや考えにくいですが（過去形の解釈も接続法 II 式の解釈もあります）、Musstest du heute eine Karte kaufen? という疑問文を考えれば、Nein, ich WOLLTE mir heute eine Karte kaufen. のような返事が考えられます。みなさんもご自分で heute, eine Karte, kaufen を焦点とするような疑問文を考えてみてください。

━━━━━━━━━━━━━━━━ 練習問題 ━━━━━━━━━━━━━━━━

［例　題］　　　　　　　　　　　　　　　　　（解答は 175 頁）
（1）　下線部の動詞のアクセントの位置が異なるものを選びなさい。
　　1 Autofahrer müssen dort umkehren.
　　2 Ich muss mir die Adresse schnell aufschreiben.
　　3 Lass mich bitte das Manuskript zuerst mal durchlesen!
　　4 Bei der Korrektur habe ich ein paar Fehler übersehen.

（2）　下線部にアクセント（強勢）があるものを選びなさい。
　　1 Lass dich zum Abschied umarmen.
　　2 Du kannst bei mir auf dem Sofa übernachten.
　　3 Was wollen Sie heute noch unternehmen?
　　4 Das Konzept ist aber beeindruckend durchdacht.

（3）　下線部にアクセント（強勢）がないものを選びなさい。
　　1 Sie sollten die Unfallstelle weiträumig umfahren.

49

2 Die Fähre wird uns bei Königstein übersetzen.

3 Die Welt wird wahrscheinlich untergehen, wenn wir so weitermachen.

4 Wo wollen wir in den Sommerferien hinfahren?

(4)　次の会話文の下線部の語のうち、通常最も強調して発音されるものを選び
なさい。

A: Kennen Sie diesen Kugelschreiber?

B: Nein, den kenne ich nicht. Das hier ist mein Kugelschreiber.

1 Das　　**2** hier　　**3** mein　　**4** Kugelschreiber

コラム　「ちっちゃな茶わかし」（Teekesselchen）

　Bank には「ベンチ」の意味も「銀行」の意味もあります。このような
同音語を言いあてるなぞなぞのことをドイツ語では Teekesselchen と言い
ます（独和辞典には載っていないようです）。もともと Kessel は「やかん」
なので、お茶を入れる時に使う小さなやかんが Teekesselchen です。この
言葉を使って次のようになぞかけをします。

Auf mein Teekesselchen kann man sich setzen. Auf meinem Tee-
kesselchen kann man Geld wechseln.

私の「ちっちゃな茶わかし」の上には座ることができます。私の「ちっちゃな茶
わかし」ではお金を両替できます。

　では、簡単なものを 2 つ。ここでは、Teekesselchen という語は使って
いませんが、2 つの文の表している同音語を探してください。

Mich findest du auf dem Kopf von viel Mädchen und ich bestehe aus
Haaren.

Ich bin ein kleines Pferd.

Ich bin ein kleines Nagetier und esse gern Käse.

Mich findest du an vielen Computern.

❺ 言い換え（筆記問題）

[過去問]
次の (1)〜(5) の **a** と **b** の文がほぼ同じ意味になるように（　）の中に最も適切な一語を入れて、**b** の文を完成させなさい。その一語を解答欄に記入しなさい。

A

(1) **a** Seit der Geburt seines Sohnes raucht Tom nicht mehr.

    b （　　　　） sein Sohn geboren wurde, raucht Tom nicht mehr.

(2) **a** Akiko scheint sehr müde zu sein.

    b Akiko （　　　　） sehr müde aus.

(3) **a** Wenn Sabine am Computer arbeitet, trägt sie immer eine dicke Brille.

    b Bei der （　　　　） am Computer trägt Sabine immer eine dicke Brille.

(4) **a** Ich freue mich, die Studenten aus Deutschland kennenzulernen.

    b （　　　　） freut mich, die Studenten aus Deutschland kennenzulernen.

(5) **a** Niemand in der Klasse läuft schneller als Michael.

    b Michael läuft am （　　　　） in der Klasse.

（2017 年冬）

B

(1) **a** Die Miete muss jeweils im Voraus bezahlt werden.

    b Die Miete （　　　　） jeweils im Voraus zu bezahlen.

(2) **a** Elisa kommt immer zu spät. Das ärgert mich.

    b Ich ärgere mich （　　　　）, dass Elisa immer zu spät kommt.

(3) **a** Michael ist weniger freundlich als Lukas.

    b Lukas ist （　　　　） als Michael.

(4) **a** Mein Kollege hat unsere Firma verlassen. Das enttäuscht mich sehr.

    b Mein Kollege hat unsere Firma verlassen, （　　　　） mich sehr enttäuscht.

(5)　**a**　Mir ist nicht möglich, ihm die Wahrheit zu sagen.

　　　b　Ich（　　　　）ihm die Wahrheit nicht sagen.

（2019 年夏）

ヒント!

　書き換え問題ですので、どのような表現が **a** で使われていて、**b** ではどのように言い換えるかを考えることになります。しかも選択問題ではなく、実際に自分で文字を書く問題ですから、スペリングにも注意しましょう。

A

(1) **a** は、Tom が主語の一つの文ですが、(1) **b** では、コンマで結ばれた 2 つの文です。さらによく見ると、**a** で seines Sohnes と 2 格になっているものが、**b** では sein Sohn と主語になっているように見えます。注目するのは、前置詞の seit です。(2) **a** では、scheinen zu 不定詞が使われていて「～のように見える」という意味が表現されています。ほぼ同じことを表現するのですが、**b** の文末にある aus に注目しましょう。(3) **a** は Wenn を使った 2 つの文です。**b** では、bei を使った前置詞句で wenn の文の内容を言い換えます。**a** の文の中の動詞 arbeiten に注目です。(4) **a** では Ich freue mich となって zu 不定詞句が続きます。**b** では、文頭の語を補いますが、定動詞が freut になっているのがヒントです。(5) **a** は、主語が Niemand と否定が入っていて、文は比較級です。ということは意味的に最上級です。そうすると、**b** の書き換えは簡単です。

B

(1) **a** では、muss ... bezahlt werden という受動態で、**b** の文では文末に zu bezahlen があります。受動態を言い換えるのに zu 不定詞を使うにはどうしたらいいでしょうか。(2) **a** では 2 つの文で表現していますが、**b** の文では、それを一つにまとめています。dass 文が後ろにありますが、この部分が「怒っている」内容です。(3) **a** で用いられている weniger + als という形が使われています。この表現が比較級の逆転の意味を表現できるところに注目します。(4) **a** の 2 番目の文が Das で始まっていることに注目します。この指示代名詞は、前の文の内容を受けていますが、文を切らずにこれと同じことができるものは何でしょう。(5) **a** の文では、Mir ist nicht möglich と表現している部分を、**b** の文の中で一語で表現するには？

A

(1)「自分の息子が生まれて以来、トムはタバコを吸うのをやめた」というのが **a** の文です。seit の前置詞句を従属文で言い換えることになります。seit に対応した従属接続詞は seitdem でした。口語では、seit を従属接続詞として使う例も見られますが、ここでは、seitdem で答えた方が無難です。なお、seit の前置詞句でも seitdem の従属文でも、その中の代名詞は主文の主語に支配されますので、ここでの sein Sohn は「Tom の息子」です。後ろにある名詞を前の代名詞が受ける形になっていることに注意しておきましょう。(2)「アキコはとても疲れているように見える」という意味です。「〜のように見える」という意味は、分離動詞 aussehen でも表現できます。主語は Akiko なので、人称変化をさせてください。(3)「ザビーネがコンピュータを使って仕事をする時は、いつも分厚いレンズのメガネをかけています」という意味です。**a** の文の arbeiten は、**b** の文の bei 前置詞句では、名詞の Arbeit で表現できます。(4)「ドイツから来た大学生と知り合うことを私はうれしいと思います」という意味ですが、**b** の文の動詞が freut になっているのがヒントでした。そう、入れるべき語は es です。この es は zu 不定詞句を先取りするので、**a** の文とほぼ同じ意味を表現できます。(5)「クラスの誰もミヒャエルよりも速く走らない」というのが **a** の文です。ミヒャエルを主語に言い換えるので、「ミヒャエルはクラスの中で最も速く走る」とし、副詞の schnell を最上級にします。

B

(1)「その家賃はそのつど前もって払われなければならない」というのが **a** の文です。im Voraus は「前もって」という意味の成句です。ヒントに挙げたように助動詞 müssen（ねばならない）を言い換えます。**b** の文末に zu bezahlen とあるので、sein+zu 不定詞を使います。die Miete は単数なので、ここには ist が入ります。sein+zu 不定詞には「受動＋義務」の意味と「受動＋可能」の意味があって使い分けられます。文脈次第で違う意味になりますので、要注意です。ここでは、「受動＋義務」の意味で使えるので、書き換えは成立している、と考えます。(2) **a** は、「エリーザはいつも遅れて来る。それが理由で私はいつも怒る」（直訳は「それが私を怒らせる」）という意味です。**b** の文は、「私はそれに対して怒っている」から始まります。sich über jn/et⁴ ärgern で「…に関して怒る」という意味ですが、「怒る」対象が単純な人や物ではない場合、darüber, dass ... を使います。(3) **a** は、「ミヒャエルは、ルーカスほど親切で

はない」という意味です。X ist weniger ＋ 形容詞の原形 ＋ als Y. という表現が使われています。weniger は、英語の less と同じように否定の意味を持った比較級の使い方がありますので、X と Y を逆にすると同じ意味の文ができます。ここでは、原級の freundlich が使われていますので、freundlicher と比較級を使えば言い換えになります。(4) **a** は、「私の同僚は会社を辞めた。それは私をとてもがっかりさせた」という意味ですが、ヒントに書いたように指示代名詞 Das が前文を受けていることに注目します。このような用法は、不定関係代名詞の was が担います。(5) **a**「彼に真実を告げるのは私にはできない」という文です。先頭の Mir に驚いた人もいるかもしれません。この mir は、「私にとって」という意味なので、Es ist für mich nicht möglich, dass と言っても同じです。さて、可能性を表す möglich を **b** のように言い換えるので、話法の助動詞 können を使います。

解答	**A** (1) Seitdem	(2) sieht	(3) Arbeit	(4) Es	(5) schnellsten

解答　**A**(1) Seitdem　(2) sieht　(3) Arbeit　(4) Es　(5) schnellsten
　　　B(1) ist　(2) darüber　(3) freundlicher　(4) was　(5) kann

学習のポイント🔑　　　　　　　　　　　　　　　　**Kernpunkte**

　ここでの書き換え問題は、話法の助動詞、関係詞、接続詞、構文的・語彙的なもの、簡単な関接話法への書き換えに大別されます。それぞれのタイプでの注意点をまとめてみました。

★話法の助動詞を使った書き換え

　話法の助動詞は、話し手の評価や心的態度を表現するのに用いられ、主観的な意味合いを加えることができますが、そのぶん意味の曖昧さが加わります。一方で、話法の助動詞を使わなくても、実はかなり近い意味を表現できます。たとえば、「die Möglichkeit haben, zu 不定詞」（可能性がある）は、können の「可能」の意味に対応しています。

　以下には、このような話法の助動詞と、その書き換えに使われる表現の一部をまとめておきます。注意すべきことは、これらの関係は一対一というわけでもなく、その文の内容によって左右される場合があります。たとえば、「義務」と「必然性」の区別は、その典型的なものです。また、一般的にいって、話法の助動詞の方が広い意味をもっていますので、上の過去問の **A**(1) の場合のように、助動詞を含まない表現を、話法の助動詞に言い換える場合、さまざまな可能性が出てしまいます。

話法の助動詞	意味	近い意味の言い換え表現
können	「可能性」 かもしれない、 ありうる	Es ist möglich, zu 不定詞 / dass 文 X hat die Möglichkeit, zu 不定詞 / dass 文 … vielleicht …
können	「能力」 できる	imstande sein, zu 不定詞 ［im Stand (e) sein, zu 不定詞とも書く］ X ist in der Lage, zu 不定詞
nicht können	「不可能」 できない	außerstande sein, zu 不定詞
müssen	「義務、必然、 強制」 ねばならない	Es ist nötig/notwendig, zu 不定詞 X hat die Notwendigkeit, zu 不定詞 X ist gezwungen, zu 不定詞 Es ist unumgänglich, zu 不定詞 *jm* bleibt nichts anders übrig, als zu 不定詞 Es ist vorgeschrieben, zu 不定詞 / dass 文
müssen	「断定」 ちがいない	… bestimmt … davon überzeugt sein, dass 文
nicht müssen	「必要性の否 定」 〜する必要は ない	Es ist nicht notwendig, zu 不定詞 / dass 文 Es besteht keine Notwendigkeit, zu 不定詞 / dass 文 nicht brauchen, zu 不定詞
sollen	「義務、道徳 的要求」 すべきだ、 ねばならない	Es ist nötig, zu 不定詞 / dass 文 X hat die Pflicht, zu 不定詞 / dass 文 X ist verpflichtet, zu 不定詞 / dass 文
wollen	「意思」 したい	X hat Lust auf *et*[4]. X hat Lust, zu 不定詞 X hat den Wunsch, zu 不定詞 X hat den Willen, zu 不定詞

話法の助動詞	意味	近い意味の言い換え表現
nicht wollen	「拒否」 したくない	*sich* weigern, zu 不定詞 X hat keine Lust, zu 不定詞 X hat keine Neigung, zu 不定詞
dürfen	「許可」 してよい	X hat das Recht, zu 不定詞 Es ist *jm* gestattet/erlaubt, zu 不定詞
nicht durfen	「禁止」 してはならない	Niemand hat das Recht, zu 不定詞 Es ist *jm* nicht gestattet, zu 不定詞 Es ist *jm* nicht erlaubt, zu 不定詞 Es ist verboten, zu 不定詞 / dass 文

★関係詞を使った書き換え

　2級でこれまで出題されてきた関係詞を使った書き換えは、基本的なものです。基礎を復習しておきましょう。関係詞には、関係代名詞と関係副詞がありました。

定関係代名詞：指示代名詞に似た der, die, das のような形が基本ですが、文語では、welcher, welche, welches のような形も使われます。先行詞となる名詞があって、そこから性と数の情報をもらい、格は関係文の中の役割で決まりました。

（1）　a.（A）Wie heißt der Mann?　（B）Er hat uns gerade begrüßt.

　　　b. Wie heißt der Mann, **der** uns gerade begrüßt hat?
　　　　 der Mann が先行詞で《男性》、（B）で Er は1格なので関係代名詞は《男性1格》

（2）　a.（A）Wie heißt die Frau?　（B）Wir haben sie gerade gesehen.

　　　b. Wie heißt die Frau, **die** wir gerade gesehen haben?
　　　　 die Frau が先行詞で《女性》、（B）で sie は4格なので関係代名詞は《女性4格》

（3）　a.（A）Wie heißen die Männer?　（B）Ich möchte ihnen später E-Mails schicken.

　　　b. Wie heißen die Männer, **denen** ich später E-Mails schicken möchte?
　　　　 die Männer が先行詞で《複数》、（B）で ihnen は3格なので関係代名詞は

《複数3格》

　前置詞は、関係代名詞の前に置かれますが、先行詞が「物」の場合には、wo(r) + 前置詞が使われます。rが入るのは、前置詞が母音から始まる場合です。前置詞 + 関係代名詞となった場合は、関係代名詞の格は、直前の前置詞によって決まります。

（4）　a.　(A) Wie heißt der Mann?

　　　　　(B) Ich habe gerade mit ihm gesprochen.

　　　b.　Wie heißt der Mann, **mit dem** ich gerade gesprochen habe?

　　　　　der Mann が先行詞で《男性》、(B) で ihm は3格なので関係代名詞は《男性3格》

（5）　a.　(A) Wie heißt das Thema?

　　　　　(B) Du interessierst dich für das Thema（= dafür）.

　　　b.　Wie heißt das Thema, **für das/wofür** du dich interessierst?

　　　　　das Thema が先行詞で《中性》、(B) で das Thema は4格なので関係代名詞は《中性4格》

不定関係代名詞 wer, was

　wer と **was** はそれぞれ不定関係代名詞と呼ばれていましたが、これは先行詞を必要としないからです。言い方を変えれば、先行詞は不定であるとも言えます。それぞれ、関係節全体が名詞として働きます。**wer** は、「（そもそも）~する人は…だ」という一般的に通用するようなことを表現するために使います。英語の whoever ~（anyone who ~）という表現と基本的に同じ働きをしますが、**wer** は原則として単数扱いです。

　その他に (6) c. のように derjenige, der … を使って言い換えることもできます。(6) a. では、2つの文に分けてみましたが、そうすると、「~する人がいる」という文と「その人は…だ」になります。

（6）　a.　(A) Es gibt Leute, die viel rauchen.

　　　　　　タバコを多く吸う人たちがいる。

　　　　　(B) Solche Leute gefährden ihre Gesundheit.

　　　　　　そういう人たちはみずからの健康を危険にさらしている。

　　　b.　Wer viel raucht, (der) gefährdet seine Gesundheit.

　　　　　タバコを多く吸う人はみずからの健康を危険にさらしている。

　　　　　（wer は1格、後続文の先頭の der は指示代名詞。関係詞と同じ格なので

省略可能)

    c. Derjenige, der viel raucht, gefährdet seine Gesundheit.

was（英語の関係代名詞（what）に対応）は、「〜すること」という意味で、先行詞なしで使われる場合と、特定の先行詞に対して使われる場合があります。この場合、特定の先行詞とは、etwas（何か）、das（それ）、nichts（何も…ない）、vieles（多くのもの / こと）、alles（すべてのこと）、manches（多くのこと）、einiges（いくつかのこと）のような中性扱いの不定代名詞や das Schöne（形容詞を名詞化したもの）などです。

（7） a. **Was** du gerade gesagt hast, ist ganz richtig.
      今、君の言ったことはまったく正しい。
      （was は 1 格で、was … hast が主語）

    b. Ich verstehe nicht, **was** du gerade gesagt hast.
      私には、君が今言ったことが理解できない。
      （was は 4 格で、was … hast が verstehen の目的語）

（8） a. Das ist etwas, **was** ich heute sagen wollte.
      それが、今日、私が言いたかったことです。

    b. Ich glaube an das, **was** in der Bibel steht.
      私は聖書に載っていることを信じています。

    c. Wir haben nichts mehr, **was** man zum Leben braucht.
      私たちはもはや生きるために必要なものは何も持っていません。

    d. Es gibt noch vieles, **was** ich nicht vertragen kann.
      私が我慢できないものは、まだたくさんあります。

    e. Das ist alles, **was** ich weiß.
      それが私の知っていることのすべてです。

was のもう 1 つの覚えておくべき用法は、全文の内容を受けるものです。（9）の例文にあるように「そのことは」のように後から（非制限的に）訳すのがポイントです。

（9） Ich will Fußballspieler werden, was meine Eltern aber gar nicht gut finden.
      私はサッカー選手になりたい、でもそのことを私の両親はいいことだと思っていません。

関係副詞 wo を使った書き換え

先行詞が「場所」を表す場合、関係副詞 wo を使うことができます。(10) a. のように先行詞を「もの」と捉えれば、前置詞＋関係代名詞で表現できますが、同じことを関係副詞 wo で言い換えると (10) b. のようになります。

(10)　a. Die Stadt, **in der** meine Tante jetzt wohnt, gefällt mir sehr gut.
　　　　　私の叔母が今住んでいる街は、私にはとても気に入っています。
　　　b. Die Stadt, **wo** meine Tante jetzt wohnt, gefällt mir sehr gut.

関係副詞 wo は、(12) a. のように先行詞が「時間」を表す場合にも使われると言われていますが、実際には、接続詞 als を使った表現 (12) b. の方が文体的に良いと考えられています。

(11)　(A)　In den letzten Jahren ging es der Wirtschaft gut.
　　　　　　過去数年間、経済が好調だった。
　　　(B)　Da konnte man die Rentenerhöhung erwarten.
　　　　　　その当時は、年金の上昇を期待できた。
(12)　a. In den letzten Jahren, **wo** es der Wirtschaft gut ging, konnte man die Rentenerhöhung erwarten.
　　　b. In den letzten Jahren, **als** es der Wirtschaft gut ging, konnte man die Rentenerhöhung erwarten.

★接続詞を使った書き換え

2つの文を接続詞を使って1つにする時に、時制のずれを出さなければならない場合があります。その典型例は nachdem でした。Nachdem A, B. という時、A の時制は、B の時制よりも1つ前にしなければなりません。よく見られる組み合わせは、A に過去完了を使い、B に過去形を使う、というものです（A に現在完了、B に現在という組み合わせもできます）。(13) は過去形の文を2つ並べていますが、2つ目の文の先頭に、dann（「その後で」）があるので、時間的前後関係が表現されています。これを nachdem を使って1つにまとめたものが、(14) の2つの文です。(14) b. は、従属文を前に出したものですが、(14) a. と同じように er＝Johann と解釈されます。主文の主語は後ろに置かれても、従属文の主語の代名詞を指すことができることに注意してください。

(13)　(A)　Johann aß.　(B)　Dann machte er sich an die Arbeit.
　　　　　　ヨハンは食事をした。その後、彼は仕事にとりかかった。

（14）　a. Johann **machte** sich an die Arbeit, nachdem er **gegessen hatte**.
　　　　　ヨハンは食事をした後で、仕事にとりかかった。

　　　b. Nachdem er **gegessen hatte**, **machte** Johann sich an die Arbeit.

似たような時制のずれが必要なものは、（15）の **kaum dass** … と（16）の
kaum の場合です。どちらも、「～するかしないかのうちに、～するや否や」と
いう意味になります（同じ意味を持つ sobald という接続詞は、時制のずれを必
ずしも必要としません）。（15）a. や（16）a. では、後ろの文の先頭で、kurz
darauf（「すぐその後で」）と言っていることに注意してください。このような言
い方を使えば、過去形の文を続けていっても、時間の順序関係が表せます。

（15）　a. （A）Monika legte auf.
　　　　　（B）Kurz darauf klingelte erneut das Telefon.
　　　　　　　　モニカは受話器を置いた。すぐにその後でまた電話がなった。

　　　b. Kaum dass Monika **aufgelegt hatte, klingelte** erneut das Telefon.
　　　　　モニカが受話器を置くか置かないかのうちに、また電話がなった。

（16）　a. （A）Wir betraten die Halle.
　　　　　（B）Kurz darauf begann das Konzert.
　　　　　　　　私たちはホールに入った。すぐその後にコンサートが始まった。

　　　b. Wir **hatten** kaum die Halle **betreten**, da **begann** das Konzert.
　　　　　私たちがホールに入るや否や、コンサートが始まった。

従属接続詞の als は、同じように時制のずれを出して使うこともできますが、時
間のずれがないこともあります。（17）a. では、「同じ時期」が話題になってい
るので、時制のずれは不要ですが、（17）b. では、「家に帰った時」よりも前に、
「妻が外出した」という時間のずれがあります。単文2つに分けても、同じよ
うに表現できます。

（17）　a. Als er in Deutschland **lebte**, **wanderte** er oft im Gebirge.
　　　　　　　彼がドイツに住んでいた時は、彼はよく山を歩き回った。
　　　⇐（A）Er lebte in Deutschland.
　　　　　（B）Da wanderte er oft im Gebirge.

　　　b. Als ich nach Hause **kam**, **war** meine Frau schon **ausgegangen**.
　　　　　私が家に帰った時、妻はすでに外出してしまっていた。
　　　⇐（A）Ich kam nach Hause.
　　　　　（B）Da war meine Frau schon ausgegangen.

認容文（「たとえ…しようとも」）の語順にも注意しておきましょう。典型的には、疑問詞（wenn, was, wo などの）節の中に auch immer や、単独で auch や immer が現れ、主文が通常の従属文のような語順にならず、主語から始まる平叙文になることがあります。また、「so ＋形容詞＋主語＋ auch …」で始まる (18) b. も、同様に認容文となり、後続の文は同じように主語から始まる平叙文になります。

(18) a. **Was** mein Vater **auch immer** sagen mag, ich kümmere mich nicht darum.

   たとえ父がなんと言おうと、私はそれを気にかけません。

b. **So klug** er **auch** ist, er kann diese Aufgabe nicht lösen.

   どんなに彼が賢くても、この課題を解くことはできない。

★構文的な書き換え

構文的な書き換えにはさまざまなものがあります。ここでは、いくつかの代表的な構文的書き換えを紹介します。

dass 文と zu 不定詞

話し手の態度、望み、感情、意図、行為の継続などに関係した動詞（annehmen, erwarten, befürchten, glauben, hoffen, meinen, vergessen, verlangen, versprechen, wünschen, anfangen, aufhören など）は、dass 文や zu 不定詞で、その内容を表すことができます。一般的に、dass 文で表現した時に、その主語が主文と同じ場合には、zu 不定詞を使った文に書き換えることができ、そのような場合は zu 不定詞を使った表現の方が、文体的にも良いとされています。

(19) a. Ich erwarte, dass ich seine Zusage erhalte.

   私は彼の賛同を得られることを期待している。

b. Ich erwarte, seine Zusage zu erhalten.

sein ＋ zu 不定詞の書き換え

sein ＋ zu 不定詞は、受動＋義務（〜されねばならない）と受動＋可能（〜されうる）の意味を持ちますが、どちらの意味で使われているかは、文脈・状況次第です。受動＋義務の時は müssen を使って、受動＋可能の時は können を使って書き変えられます。(20) a. は、「けが人を手術する」際に急いでいる時 (sofort) はおそらく必然性が高いと判断する方が普通でしょうし、(21) a. のよ

うに「修理する」際に「もうだめだ」（nicht mehr）と判断されるのは可能性がない時が普通です。もちろん、特殊な状況では、解釈が逆転することもありえます。このような曖昧性があるにもかかわらず、sein + zu 不定詞が使われるのは、受動態というやや込み入った表現を避けることができ、動詞を原形のまま使えるので、慣れると簡単に使えるという利点があるからでしょう。

(20) a. Der Verletzte **ist** sofort **zu operieren**.
　　　　そのけが人はすぐに手術を受けなければならない。
　　 b. Der Verletzte **muss** sofort **operiert werden**.
(21) a. Der alte Computer **ist** nicht mehr **zu reparieren**.
　　　　その古いコンピュータはもう修理できない（修理されえない）。
　　 b. Der alte Computer **kann** nicht mehr **repariert werden**.

sich lassen と受動態

使役動詞 lassen を 4 格の再帰代名詞 sich とともに使うと、受動＋可能の意味になります。そうすると、sein + zu 不定詞とも部分的に重なることになります。まず、(22) a. の能動態と b. の受動態の文がほぼ同じ意味になっていることを確認しておきましょう。そうすると、(23) a. のように sein + zu 不定詞を使っても、(23) b. のように sich + lassen でも、さらに (23) c. のように否定の意味を接頭辞 un- で表し、可能の意味を表す接尾辞 -bar が付く形容詞でも、ほぼ同じ意味が表せる書き換えが可能だということになります。

(22) a. Man kann diese Tatsache nicht bestreiten.
　　　　この事実は否定できない。
　　 b. Diese Tatsache kann nicht bestritten werden.
(23) a. Diese Tatsache **ist** nicht **zu bestreiten**.
　　 b. Diese Tatsache **lässt sich** nicht **bestreiten**.
　　 c. Diese Tatsache ist **unbestreitbar**.

brauchen＋nicht＋zu 不定詞の書き換え

brauchen + nicht + zu 不定詞は、「〜する必要がない」という意味ですが、これは話法の助動詞 müssen を否定とともに使うことで言い換えられます。(24) a. は (24) b. のように言い換えられます。なお、英語の must は、否定とともに使うと「〜してはならない」という禁止を表しますが、ドイツ語の müssen は、否定とともに使うと「〜する必要はない」という意味になることに注意しましょう。ドイツ語では、許可を表す dürfen（〜してよい）を否定語とともに

使うことで表現するのが普通です。

(24) a. Sie **brauchen nicht** so lange **zu warten**.
> あなたはそんなに長い時間待つ必要はありません。

b. Sie **müssen nicht** so lange **warten**.

Es scheint jm, dass … の書き換え

scheinen＋zu 不定詞は「〜のように思える」という意味で、断定せずに主観的な判断であることを表すものです。従って、(25) a. の表現は、(25) b. のように、「…という印象を私は持つ」(Ich habe den Eindruck, dass …) と表現しても、ほぼ同じ意味になります。また、(26) a. では、「私」は表現されていませんが、同じように Ich habe den Eindruck, dass … で言い換えられます。

(25) a. **Es scheint mir, dass** hier etwas nicht in Ordnung ist.
> ここでは何かおかしいように私には思えます。

b. **Ich habe den Eindruck, dass** hier etwas nicht in Ordnung ist.

(26) a. Brigitte **scheint** unglücklich zu sein.
> ブリギッテは不幸せであるように思えます。

b. **Ich habe den Eindruck, dass** Brigitte unglücklich ist.

★直説話法の間接話法への書き換え

直説話法とは、誰か他の人が言った言葉をそのまま引用符に入れて引用するものですが、引用者の視点から見た世界の中で他の人の言った言葉を間接的に表現するのが間接話法です。2 級の過去問では過去 5 年の間に 3 題出題されていますが、どれも基本的なものです。ここでは平叙文、疑問文、命令文の書き換えを見ておきましょう。

間接話法への書き換えにおける一般的な注意点

K–1. 動詞に接続法 I 式の形を使う（直説法と同形の場合は接続法 II 式を使う）。時制の一致はない。

K–2. 間接話法では、過去形、現在完了形、過去完了形の区別はない。すべて、完了形をもとにした形を用いる。

K–3. 直説話法における人称は、間接話法の中で、引用者の視点から見た人称に書き換える。

●平叙文の場合

　以下の 2013 年秋 3.(5) に出題された書き換えを例に考えてみましょう。ここでは便宜的に、通し番号を付けて呼びます。直説話法の文を (27)、その間接話法への書き換えをうながす文を (28) とします。

（27）　Julia sagte: „Ich bin mit meinem Freund ins Museum gegangen.“
（28）　Julia sagte, sie（　　　　）mit ihrem Freund ins Museum gegangen.

(27) では、Julia が直接語った文が引用されています。「私は、私のボーイフレンドと一緒に博物館へ行った」と（女性である）Julia が言っているので、引用者の視点から見た世界では、〈彼女は、彼女のボーイフレンドと一緒に博物館へ行った〉ことになります。(28) の間接話法の文の主語が sie（彼女）になり、mit ihrem Freund（彼女のボーイフレンドと一緒に）の部分が表現されています。さらに、(27) の bin の部分が **sei** と接続法 I 式になれば、間接話法が完成します。なお、接続法 II 式の wäre を使っても間違いではありません。

　さて、間接話法の中での時制は、上の K–2 であげたように、区別が少なくなります。どういうことかというと、(29) の a.、b.、c. の区別がなくなり、すべて (28) の形になってしまうという点です。逆に言うと、b. の現在完了の形に直してから、間接話法にする(完了の助動詞を接続法 I 式にする)ということです。

（29）　a.　Julia sagte: „Ich ging mit meinem Freund ins Museum.“
　　　　b.　Julia sagte: „Ich bin mit meinem Freund ins Museum gegangen.“
　　　　c.　Julia sagte: „Ich war mit meinem Freund ins Museum gegangen.“

なお、英語では時制や場所に関する副詞を、話し手の視点から離れた相対的な表現に変換する（yesterday を the day before のような形に変える）必要がありますが、ドイツ語ではあまり意識されません。さらに、英語との関係で言えば、平叙文の間接話法では、従属接続詞 dass を使うことも可能ですが、(28) のように、ただコンマを使って文をつなげる形式が多く用いられます。

●疑問文の場合

　疑問詞がある場合には疑問詞を使った従属文にし、疑問詞のない Ja/Nein 疑問文では従属接続詞 ob を使って書き換えます（30 の a. を参照）。(30) と (31) の b. では、間接話法の文の主語が ich となり、直説話法の habe を接続法 I 式にしても、habe のままなので、接続法 II 式の hätte を使います。

(30) a. Meine Mutter fragte mich: „**Hast** du schon gegessen?"

　　　b. Meine Mutter fragte mich, ob ich schon gegessen **hätte**.

(31) a. Mein Vater fragte mich: „Was **hast** du da gegessen?"

　　　b. Mein Vater fragte mich, was ich da gegessen **hätte**.

●命令文の場合

命令文は、間接話法の中では、話法の助動詞 mögen あるいは sollen を接続法 I 式にして従属文で書き換えます。mögen の方が sollen よりも穏やかな命令 (依頼など) を表現すると言われています。

(32) a. Sie sagte zu mir: „Hör doch endlich mal mit dem Rauchen auf!"

　　　b. Sie sagte mir, dass ich mit dem Rauchen aufhören **solle**.

　　　　彼女は私にタバコを吸うのをやめるように言った。

━━━━━━━━━━━━ 練習問題 ━━━━━━━━━━━━

(解答は 177 頁)

[**例　題**] 次の (1)〜(5) の文がほぼ同じ意味になるように (　　　) の中に最も適切な 1 語を入れて、**b** の文を完成させなさい。解答は解答欄に記入しなさい。

A

(1) **a** Ich bin davon überzeugt, dass Atomkraftwerke gefährlich sind.

　　b Atomkraftwerke (　　　) gefährlich sein.

(2) **a** Man muss die Verkehrsregeln beachten.

　　b Die Verkehrsregeln (　　　) zu beachten.

(3) **a** Er trank eine Flasche Wein aus. Er öffnete gleich eine neue.

　　b Sobald er eine Flasche Wein ausgetrunken (　　　), öffnete er eine neue.

(4) **a** Ich habe den Eindruck, dass er damit nicht zufrieden ist.

　　b Er (　　　) nicht damit zufrieden zu sein.

(5) **a** Das Buch gehört mir. Du hast davon gesprochen.

　　b Das Buch, (　　　) du gesprochen hast, gehört mir.

B

(1) **a** Ist es nötig, dass ich den Tisch in den Garten hinaustrage?

　　 b （　　　） ich den Tisch in den Garten hinaustragen?

(2) **a** Dein Onkel hat dir ein Haus vererbt. Was machst du damit?

　　 b Was machst du mit dem Haus, （　　　） dir dein Onkel vererbt hat?

(3) **a** Man kann dein altes Fahrrad nicht mehr verwenden.

　　 b Dein altes Fahrrad （　　　） sich nicht mehr verwenden.

(4) **a** Bonn ist eine kleine Stadt. Dort ist Ludwig van Beethoven geboren.

　　 b Bonn ist die kleine Stadt, （　　　） Ludwig van Bethoven geboren ist.

(5) **a** Er sagt, dass die Firma in finanziellen Schwierigkeiten ist. Das kann ich nicht glauben.

　　 b Er sagt, dass die Firma in finanziellen Schwierigkeiten ist, （　　　） ich nicht glauben kann.

C

(1) **a** Ich muss dir etwas Wichtiges mitteilen. Es ist eine traurige Nachricht für dich.

　　 b （　　　） ich dir mitteilen muss, ist eine traurige Nachricht für dich.

(2) **a** Willst du mit mir einen Spaziergang machen?

　　 b Hast du （　　　）, mit mir einen Spaziergang zu machen?

(3) **a** Die Autobremsen sind auf Verkehrssicherheit zu prüfen.

　　 b Die Autobremsen （　　　） auf Vekehrssicherheit geprüft werden.

(4) **a** Der Junge war von dem neuen Handy begeistert. Er erzählte stundenlang davon.

　　 b Der Junge war von dem neuen Handy so begeistert, （　　　） er stundenlang davon erzählte.

(5) **a** Es war unmöglich, ihn zu überreden.

　　 b Man （　　　） ihn nicht überreden.

コラム　女性形の語尾

　名詞の表す人間や生き物が、現実世界の性と一致している場合、男性形の名詞の後ろに接尾辞 -in を付けることで女性形を作ることができるというのは便利な方法です。例えば、Lehrer は「男性の教員」で、Lehrerin は「女性の教員」です。でも、このパターンが多いというのは女性蔑視ではないか、という指摘もあります。そこで、ライプチヒ大学では、大学教授をすべて Professorin と呼ぶことにしました。2013 年 6 月 4 日付の SPIEGEL ONLINE の記事 Gleichberechtigung: Uni Leipzig nutzt weibliche Bezeichnungen（男女同権：ライプチヒ大学は女性呼称を使う）には、Guten Tag, Herr Professorin という副題がついていました。

　-in で終わりつつも、Prinz（王子）↔ Prinzessin（王女）、Zauberer（魔術師）↔ Zauberin（女魔術師）のように注意が必要なものもあります。女性形が先にあって男性形が作られたと思われるものには、Hexe（魔女）↔ Hexer、Witwe（未亡人）↔ Witwer、Braut（新婦）↔ Bäutigam などがあります。近年は、Krankenschwester（看護婦）をやめて Krankenpfleger ↔ Krankenpflegerin（看護士）にしたのは日本語と同じ傾向です。男女の別を Kaufmann ↔ Kauffrau のように -mann, -frau で表すものもあり、近年は Torwart（ゴールキーパー）の女性形 Torfrau も作られています。

❻ 文の意味と構造から空欄に入る語を選ぶ

[過去問]
次の (1)〜(5) の文で（　　　）の中に入れるのに最も適切なものを下の
1〜4 のうちから一つ選び、その番号を解答欄に記入しなさい。

A

(1) Sie können diesen Newsletter abonnieren, （　　　） Sie die
Webseite besuchen oder den Kundendienst kontaktieren.
1 dadurch　　**2** indem　　　**3** ob　　　　**4** zudem

(2) Katrin sah aus, als （　　　） sie seit Tagen nicht geschlafen.
1 dass　　　**2** hat　　　　**3** hätte　　　**4** ob

(3) Ich habe eine Kollegin, （　　　） ältere Tochter seit drei Jahren
in Deutschland studiert.
1 deren　　　**2** die　　　　**3** diesen　　　**4** wer

(4) In diesem Buch wird gezeigt, （　　　） sich die Psychologie
beschäftigt.
1 es　　　　**2** man　　　　**3** somit　　　**4** womit

(5) Jeden Donnerstagabend hatten wir Zeit, um Referate zu （　　　）
und zu diskutieren.
1 halten　　　**2** kommen　　　**3** stehen　　　**4** tragen

(2018 年冬)

B

(1) Das Kind hat sein ganzes Taschengeld （　　　） Videospiele aus-
gegeben.
1 an　　　　**2** für　　　　**3** gegen　　　**4** um

(2) Früher warnte man Städte von Türmen aus （　　　） Bränden
oder Feinden.
1 auf　　　　**2** in　　　　**3** über　　　**4** vor

(3) （　　　） der Statistik leiden immer mehr Menschen unter Schlaf-
störungen.
1 Aus　　　　**2** Dank　　　　**3** Laut　　　**4** Wegen

(4) Er war stark erkältet, (　　　　) er nicht zur Party kommen konnte.

 1 indem **2** sodass **3** somit **4** zumal

(5) Ist die Rechnung schon (　　　　) ? – Nein, kannst du das heute erledigen?

 1 bezahlbar **2** bezahlen **3** bezahlend **4** bezahlt

（2021 年冬）

ヒント！

4択問題です。「文の意味と構造から空欄に入る語を選ぶ」と名づけられているもので、小問題の最後に登場します。過去7年間の出題を振り返ってみると、出題されてるものの中で一番多いものは慣用句・熟語です。前置詞の選択、接続詞の選択、代名詞的副詞がその後に続きます。いずれにせよ、前後に明確なヒントがあるので、それを見つけて解答につなげましょう。

A

(1) 2つの文を結びつけるのにどの接続詞がよいか、という問題です。意味を理解できれば解けます。(2) 前の文では、動詞が aussehen です。そしてコンマの後に als が来ているので、後半の文の意味は分かりますね。(3) 前文の最後にある eine Kollegin が先行詞となる関係文を考えます。カッコの後ろにある ältere Tochter と eine Kollegin の関係を考えます。(4) sich beschäftigen とくれば前置詞は mit ですが、はたしてどのような形にすると前の文とつながるでしょうか。(5) これは Referat を目的語にして「口頭発表をする」という時の動詞を選ぶ問題です。

B

(1) Geld ausgeben（お金を支払う）という時に必要とされる前置詞を補います。(2) warnen という動詞に注目して、適切な前置詞を選択します。von Türmen aus という部分は、補足的に付いていて「塔から」という意味ですので、惑わされないように。(3) Statistik は統計です。そうすると、文頭に入れる前置詞の句は、「統計によると」という意味になります。(4) コンマの前の部分は「彼はひどく風邪をひいていた」となっていますが、後ろの文の意味と合う従属接続詞を選びます。(5)「代金はもう払いましたか？」という疑問文に入れる形はどれでしょうか？ bezahlen は、「～を支払う」という他動詞です。

A

(1) 最初の文が「あなたはこのニューズレターを講読できます」、2 番目の文が「あなたはウエブサイトを訪れ、ユーザーサービスとコンタクトをとる」となっています。2 番目の文の内容が 1 番目の目的を達成するための方法になっているので、「～することによって」という意味の従属接続詞 indem を選びます。(2)「カートリンは、あたかも何日か前から眠っていないように見えます」という意味にするには、als ob を使えばいいのですが、ob があると従属文となり文末に hätte が置かれます。ob を省略すると、ob の位置に hätte が置かれて同じ意味になります。なお、als ob は、通常、接続法 I 式か II 式が使われますが、現実から離れている度合いが高ければ高いほど接続法 II 式が使われます。(3)「私には同僚の女性がいる」という文と「お姉さんは 3 年前からドイツの大学で学んでいる」を結びつけます。ここでは、eine Kollegin を先行詞とした 2 格の関係代名詞を補えば、「その同僚の女性のお姉さんは」とつなげることができます。先行詞から「女性」という情報をもらい、格は関係文の中で「その人の」という 2 格の関係を作ればよいので、女性 2 格の deren を入れます。(4)「この本の中では示される」という文と、「心理学が取り扱う」を合体して、「この本の中では心理学が取り扱うことが示されます」という文を作ります。sich mit et³ beschäftigen が 2 つ目の文で使われていますが、何を扱うかが問題になるので、本来は、sich [mit was] beschäftigen となりますが、[mit was] とは言わずに womit と表現します。(5)「毎週木曜日の夜は、口頭発表をしてディスカッションする時間がありました」という文です。「口頭発表をする」というのは ein Referat halten と動詞に halten を用います。eine Rede halten（スピーチをする）という時と同じ halten です。

B

(1)「その子は、自分のすべてのお小遣いをテレビゲームにつぎ込んだ」という意味で、「～にお金を支出する」と表現する時に Geld für et⁴ ausgeben と für を使うことを問う問題でした。(2)「以前は、塔から火事や敵の襲来に注意するように町に住む人々に対して警告を発していました」という意味で、jn vor et³ warnen が使われています。「ある人に～に対して警告する」という表現ですが、ここでは、外壁（Stadtmauer）に囲まれた中世の町が話題になっているようです。外壁には、一定間隔に塔（Turm）があったのでこのような話になります。(3)「統計によると、ますます多くの人たちが睡眠障害に悩まされている」という意味の文です。原因・理由を表す前置詞はいろいろありますが、根

拠となる出典を示す「〜によれば」という場合、ここで挙げられている前置詞の中で該当するのは laut です。laut というと「大きい声の」という形容詞を思い出しますが、書き言葉では2格あるいは3格をとる前置詞としてよく使われます。近年では、無冠詞で使う用法が広まっています（例 laut Statistik）。なお、選択肢にはありませんが、nach der Statistik という言い方もできます。(4)「彼はひどく風邪をひいていたので、そのパーティーに来ることはできなかった」という意味で、後半の文は結果を表します。結果を表す従属接続詞は sodass です。英語の so that ですね。(5)「代金はもう払いましたか？ — いいえ、今日は君が払っておいてくれない？」というやりとりです。前半の文は、主語が die Rechnung なので、直訳すると「その代金はすでに支払われたか？」という意味になります。bezahlen という動詞は他動詞なので、主語が人間で Hast du die Rechnung bezahlt? とも言えます。ここでは、支払いが終わった後の状態を尋ねているので、状態受動の ist ... bezahlt が正解となります。

解答　**A**	(1) **2** indem　(2) **3** hätte　(3) **1** deren　(4) **4** womit　(5) **1** halten
B	(1) **2** für　(2) **4** vor　(3) **3** Laut　(4) **2** sodass　(5) **4** bezahlt

━━━━━━━━━━━ 練習問題 ━━━━━━━━━━━

[例　題] （解答は 178 頁）

次の (1)〜(5) の文で（　　　）の中に入れるのに最も適切なものを下の **1**〜**4** のうちから一つ選び、その番号を解答欄に記入しなさい。

A

(1)　Hast du schon eine Antwort（　　　）deinen Brief? — Nein, ich habe noch keine.

　　1 an　　　**2** um　　　**3** auf　　　**4** gegen

(2)　Es tut jetzt nichts（　　　）Sache, wer für die Reform verantwortlich ist.

　　1 in der　　**2** an der　　**3** zur　　**4** mit der

(3) Elefanten sind Säugetiere. (　　　) anderen Worten, sie füttern ihre Jungen mit Milch.

1 zu　　**2** mit　　**3** bei　　**4** auf

(4) Der Dieb machte sich (　　　) dem Staub mit den Taschen voller Geld.

1 aus　　**2** bei　　**3** mit　　**4** zu

(5) Wir müssen uns etwas (　　　) lassen, um dieses Problem in den Griff zu bekommen.

1 ausfallen　　**2** verfallen　　**3** gefallen　　**4** einfallen

B

(1) Die Lehrerin hat das neue Wort (　　　) die Tafel geschrieben.

1 an　　**2** um　　**3** auf　　**4** gegen

(2) Es kommt (　　　) an, wie Sie die Situation einschätzen.

1 daran　　**2** darauf　　**3** davon　　**4** dazu

(3) Ich bin fest (　　　) überzeugt, dass Sie sich im Urlaub entspannen können.

1 daran　　**2** darauf　　**3** davon　　**4** dazu

(4) Du kannst die Datei speichern, (　　　) du hier klickst.

1 weil　　**2** somit　　**3** indem　　**4** sodass

(5) In der Diskussion meldeten sich mehrere Studentinnen zum Thema (　　　) Wort.

1 an　　**2** bei　　**3** mit　　**4** zu

❼ 過去に出ていたその他の問題

7.1. 複数形とアクセント

[例　題]　　　　　　　　　　　　　　　　　　　　（解答は 180 頁）

次の (1)〜(9) の条件に当てはまるものが各組に一つずつあります。それを下の **1**〜**4** のうちから選びなさい。

(1)　das Schwein — die Schweine のように、単数形に -e を付けて複数形を作るもの。

　　　1 der Soldat　　**2** das Haar　　**3** die Welt　　**4** die Schwester

(2)　複数形の作り方が他の 3 つの単語と異なる語。

　　　1 die Reparatur　　**2** die Möglichkeit　　**3** der Kandidat
　　　4 der Unternehmer

(3)　名詞の複数形の作り方が左右で異なる組。

　　　1 der Gast — die Hand　　　　**2** der Biologe — die Aufgabe
　　　3 das Kind — das Rind　　　　**4** der Elefant — der Apparat

(4)　単数形と複数形とでアクセントの置かれる母音が異なる名詞。

　　　1 das Museum — die Museen
　　　2 die Fantasie — die Fantasien
　　　3 die Leiter — die Leitern
　　　4 der Animator — die Animatoren

(5)　以下の複数形の名詞のうち、単数形として使えない名詞。

　　　1 Gebühren　　**2** Ferien　　**3** Schuhe　　**4** Lebensmittel

(6)　die Frau — die Frauen のように、単数形に -en を付けて複数形を作るもの。

　　　1 der See　　**2** die Polizistin　　**3** der Pilot　　**4** der Zoo

(7)　単数形と複数形が同じ形でないもの。

　　　1 der Finger　　**2** das Mädchen　　**3** der Schlüssel　　**4** das Datum

(8)　複数形にした時、下線部の母音が変音しないもの。

　　　1 der Muskel　　**2** die Nuss　　**3** die Mutter　　**4** die Kuh

(9)　das Kino — die Kinos のように、単数形に -s を付けて複数形を作るもの。

　　　1 das Menü　　**2** der Computer　　**3** der Held　　**4** das Konzert

複数形を作った時に、どのような語尾が付くかを間接的に問う問題です。複数形は基本的に個別に（口調で）覚えていくしかありませんが、なかには非常に規則的なものもあります。

（1）-e を付けて複数形を作る名詞が 1 つだけあります。意外に少ないパターンですが、基本語なので知らないと困ります。

（2）ここの名詞は 1 つを除いて語尾に—en を付けて複数形を作ります。

（3）左右の名詞で複数形の語尾が違うものを選ぶ問題です。変音せずに -e を付ける複数形が 1 つだけあります。

（4）数は多くありませんが、複数形にした時にアクセントの位置が変わるものがあります。

（5）名詞の中には、通常複数形でしか用いないものがあります。

（6）語尾 -en を付けて複数形にする名詞は多いですが、よく見るとこういう語尾には -en が付かない、というものもあります。

（7）名詞の中には単数と複数で同形なものがあります。ここでは、単数と複数が同形ではないものを選びます。

（8）複数形にすると母音が変音するものがあります。複数形を覚える時には意識して覚える必要がありますが、ここでは変音しないものを選びます。

（9）複数形の語尾 -s は、英語やフランス語から入ってきた単語によく見られます。

学習のポイント　　　　　　　　　　　　　　　　　　　　**Kernpunkte**

　名詞の複数形を覚えるのは、それだけを取り出すと大変なことに思えますが、ふだんから新しい名詞に出会うたびに、意識して複数形を確認しておくと、それほど苦にならずに覚えられるようになります（自分で予想して、当ててみると楽しいものです）。ここでは、いくつかの「規則的な複数形の語尾（接尾辞など）」の復習と、不規則な複数形を整理しておきます。

★規則的に予想できる複数形の語尾（接尾辞など）

● 動詞から作られた名詞で、「〜する人、〜する物」という接尾辞 **-er** が付くものは、複数形でも語尾が付きません（単複同形）。

《例》der Arbeiter（労働者 < arbeiten）— die Arbeiter, der Besucher（訪問者 < besuchen）— die Besucher, der Rechner（計算機 < rechnen）— die Rechner

●女性名詞で動詞から作られた名詞の語尾が **-ung** で終わるもの：複数形の語尾は **-en** です。

《例》die Beschäftigung（仕事に従事すること < beschäftigen）、die Beschäftigungen, die Sendung（発送 < senden）— die Sendungen

《注意！》語尾が **-ung** で終わる名詞でも der Dung（肥料）、der Schwung（振動）、der Umschwung（大変動）、der Sprung（ジャンプ）、der Ursprung（起源）などは女性名詞ではありません。

●**-heit**, **-keit**, **-schaft** は女性名詞を作る接尾辞です。複数形の語尾は **-en** です。

《例》krank → die Krankheit（病気）、möglich → die Möglichkeit（可能性）、der Freund → die Freundschaft（友情）

●**-nis** は中性名詞を作ったり（例 das Bedürfnis：欲求）、女性名詞（例 die Erlaubnis：許可）を作ったりする接尾辞です。複数形の語尾は **-se** です（例 Erlaubnisse）。

●**-tum** は多くの場合、中性名詞を作りますが（例 das Christentum：キリスト教）、例外的に男性名詞を作る（例 der Reichtum：豊かさ）こともあります。複数形の語尾は **⸚er**, **-ta**, **-ten** です（例 Altertum — Altertümer, Abstraktum — Abstrakta, Datum — Daten）。

●**-ling** は英語からの外来語の場合を除いて、男性名詞を作る接尾辞で、複数形は **-e** が付きます。「〜される人、〜された人」や動植物の名前などを意味します。

《例》Prüfling（受験者）、Pfifferling（アンズタケ）

●以下にあげる男性弱変化名詞も、たいてい接尾辞などで見分けがつくものです。

★男性弱変化名詞を覚えよう

まず、男性弱変化名詞の復習をします。der Junge（少年）という名詞を例にとると、この名詞は、辞書では、Junge 男 -n/-n のように書いてあります。単数2格と複数1格の形が、**-n/-n** あるいは、**-en/-en** となっている男性名詞が、一般に男性弱変化名詞と呼ばれ、次のように、ほとんどの場合に、この語尾が付きます。覚える時には、定冠詞を付けて、der Junge のようにして発音して覚えましょう。

	単数	複数
1 格	der Junge	die Junge**n**
2 格	des Junge**n**	der Junge**n**
3 格	dem Junge**n**	den Junge**n**
4 格	den Junge**n**	die Junge**n**

―男性弱変化名詞パターン I

人間あるいは、動物を表す名詞で、語尾が **-e** で終わるもの。
《例》der Bote（使者）、der Chinese（中国人）、der Hase（野うさぎ）、der Junge（少年）、der Löwe（ライオン）、der Pate（名づけ親）、der Rabe（カラス）、der Schimpanse（チンパンジー）、der Zeuge（目撃者）、など

―男性弱変化名詞パターン II

ラテン語やギリシャ語などから入ってきた**外来語名詞**で、語尾が **-and, -ant, -ent, -ist, -ast, -at, -et, -ot, -nom, -loge, -agoge** などで終わるもの（英語やフランス語から入ってきた名詞ではありません）。これらは 1 つの音節を作り、**この音節に強勢を持つことに注意してください**（例 Pilot）。

- **-and**：[少ない] der Doktorand（博士論文準備中の学生）、der Proband（被験者）

- **-ant**：[多い] der Asylant（政治的理由で亡命を求める人）、der Demonstrant（デモ参加者）、der Elefant（象）、der Musikant（楽士）など

- **-ent**：[多い] der Student（大学生）、der Absolvent（卒業生）、der Agent（スパイ）、der Assistent（助手）など

- **-ist**：[多い] der Alchemist（錬金術師）、der Christ（キリスト教徒）、der Journalist（ジャーナリスト）、der Pianist（ピアニスト）、der Tourist（旅行者）など

- **-at**：[多い] der Akrobat（曲芸師）、der Asiat（アジア人）、der Kandidat（候補者）、der Soldat（兵士）、der Automat（自動販売機）など

- **-et**：［少ない］der Athlet（競技選手）、der Interpret（解釈者）、der Poet（叙情詩人）、der Prophet（預言者）など

- **-ot**：［少ない］der Pilot（パイロット）、der Idiot（愚か者）、der Patriot（愛国者）など

- **-nom**：［少ない］der Astronom（天文学者）、der Gastronom（調理師）、der Ökonom（経済学者）など

- **-loge, -agoge**：［学者名に多い］der Biologe（生物学者）、der Pädagoge（教育学者）、der Psychologe（心理学者）など

―男性弱変化名詞パターン III

複数形の語尾が -en や -n で終わる男性名詞で、人間や動物を表す多くのもの（この判断基準は、複数形を知らないと使えませんし、例外もあります）。
der Bär（熊）— die Bären、der Prinz（王子）— die Prinzen、der Held（英雄）— die Helden、der Herr（［敬称的に］男の方）— die Herren、der Narr（愚か者）— die Narren、der Geograph/Geograf（地理学者）— die Geographen
など

―男性弱変化名詞に関する注意

ここで示した語尾は、あくまでも目安で、例外もあります。また、近年では、新聞記事などでも、弱変化ではなく、普通の名詞のように使う例が見られることもあり、名詞によってゆらぎがあります。

★複数形にした時にアクセントの変わる名詞

典型的には、「〜する人」、「〜する物」という意味で、**-or** が付く名詞を複数形にした時に、**-óren** のように強勢アクセントの置かれる位置が変わります。**-er** が付く名詞にもわずかに見られます。
Administrátor（管理者）— Administratóren、Akkumulátor（蓄電池）— Akkumulatóren、Animátor（アニメーター）— Animatóren、Mónitor（モニター）— Mónitore/Monitóren、Mótor/Motór — Motóren/Motóre、Túmor（腫瘍）— Tumóren、Charákter（作中人物）— Charaktére、など。
強勢アクセントには、上の Motor や Monitor の例と同じようにゆれのあるものもあります。

★外来語の特殊な複数形

比較的よく使う外来語で、特殊な複数形が使われているものを挙げておきます。注意して覚えておきましょう。

das Album（アルバム）— die Alben、das Museum（博物館）— die Museen、der Rhythmus（リズム）— die Rhythmen、das Opus（音楽作品）— die Opera、der Firma（商社）— die Firmen、das Thema（話題）— die Themen、die Villa（邸宅）— die Villen、der Bonus（ボーナス）— die Boni、der Stimulus（刺激）— die Stimuli、das Partizip（分詞）— die Partizipien、das Prinzip（原理）— die Prinzipien

7.2. 語順

[例　題]　　　　　　　　　　　　　　　　　　　　（解答は 181 頁）

次の（1）〜（4）の条件に当てはまるものが各組に一つずつあります。それを下の **1**〜**4** のうちから選びなさい。

（1）　次の会話の空欄部に入れるのに最も適切なもの。

　　　A：Was ist denn das?

　　　B：Mein Geburtstagsgeschenk für dich!

　　　A：Wirklich?（　　　　　）

　　　1　Ich habe erst aber in einem Monat Geburtstag.
　　　2　Ich habe aber in einem Monat erst Geburtstag.
　　　3　Ich habe Geburtstag aber in einem Monat erst.
　　　4　Ich habe aber erst in einem Monat Geburtstag.

（2）　**A**：Warum hast du kein eigenes Auto, Heinz?

　　　B：Weil ich zu Fuß in die Arbeit gehe und（　　　　　）

　　　1　ungefähr im Jahr einmal ein Auto brauche.
　　　2　ein Auto einmal im Jahr ungefähr brauche.
　　　3　ungefähr einmal im Jahr ein Auto brauche.
　　　4　ein Auto ungefähr im Jahr einmal brauche.

(3)　**A**：Ich weiß nicht, wie viel dieses Paket nach Japan kostet.

　　　B：（　　　）

　　　1　Erkundigen Sie bei der Post sich nach den Paketgebühren.
　　　2　Erkundigen Sie sich bei der Post nach den Paketgebühren.
　　　3　Erkundigen Sie nach den Paketgebühren sich bei der Post.
　　　4　Erkundigen sich Sie nach den Paketgebühren bei der Post.

(4)　**A**：Ich wollte mir ein Fahrrad leihen und zum Strand fahren. Hättest
　　　　　du vielleicht Lust, mitzukommen?

　　　B：Lust hätte ich schon, aber im Moment habe ich keine Zeit. （　　　）

　　　1　Kannst du mich in einer Stunde wieder auf dem Handy anrufen?
　　　2　Kannst du in einer Stunde mich wieder auf dem Handy anrufen?
　　　3　Kannst du wieder mich auf dem Handy in einer Stunde anrufen?
　　　4　Kannst du mich auf dem Handy wieder in einer Stunde anrufen?

ヒント！

　疑問文に対して、どのような語順で答えるのが自然かを問う問題です。ドイツ語では、文中の動詞の位置は決まっていますが、それ以外の文の構成要素は、普通は既知の情報から新情報への語順で並びます。文末へ置かれるものが文の焦点となります。

(1) 4つの選択肢の中で、違う位置にあるのは aber と erst です。erst は、特定の語や句にかかって「…になって初めて」という意味で使われています。
(2) einmal が何にかかるのかをまず考えましょう。そうすると ungefähr を入れる位置も想像がつきます。
(3) 前置詞句が2つありますが、ここでは sich の位置に注目します。
(4) mich と wieder の位置が問題です。「1時間以内に私の携帯に電話をくれますか？」という意味の疑問文です。

学習のポイント🗝　　　　　　　　　　　　　　　　　　　**Kernpunkte**

★語順：文頭と文末

　ドイツ語は、動詞の位置を除くと、比較的語順が自由なことで知られていま

す。まず、文頭の位置は「話題」を示すのに使われます。話をする時に、話し相手の人と共有する部分ですので、通常は、「知られたことがら」が文頭に置かれます。それと対照的に、文末は、動詞が置かれていない場合には、動詞と一番緊密な関係の表現が置かれ、文の焦点になります。

　具体的に、(1) の文では、話題は seit drei Monaten (3ヵ月前から) の時間の部分で、文末の zur Arbeit という前置詞句は、動詞 fahren と結びつき、zur Arbeit fahren (仕事に行く) というまとまりを作っています。zur Arbeit は、この文の場合、fahren という動詞ともっとも密接に関連していますが、「きってもきれない関係」というほどの結びつきではなく、文の焦点になっています。

（1）　[Seit drei Monaten] **fahre** ich aus Gesundheitsgründen mit dem Fahrrad **zur Arbeit**.
　　　　　　3ヵ月前から、私は健康上の理由で自転車に乗って仕事に行っています。

(1) の文は、さらに、理由を表す aus Gesundheitsgründen (健康上の理由から) と、様態 (手段) を表す mit dem Fahrrad (自転車で) を含んでいます。これらの部分を使って、話題や焦点を変えたさまざまな語順の文を作ることができます。以下の (2) から (4) の文では、[　] で囲まれた先頭の部分が話題で、下線部分が焦点です。この場合は、すべて zur Arbeit が文末にありますが、話題になるものが時間や場所、あるいは、主語でない場合には (例えば、(3)、(4))、それなりに特殊な文脈が必要になります。かつては、副詞的要素の自然な語順は、時間 > 理由 > 様態 > 場所 / 方向 (temporal-kausal-modal-lokal) であると言われていましたが、それは 1 つの目安にすぎません。

（2）　[Ich] **fahre** seit drei Monaten aus Gesundheitsgründen mit dem Fahrrad zur Arbeit.
（3）　[Aus Gesundheitsgründen] **fahre** ich seit drei Monaten mit dem Fahrrad zur Arbeit.
（4）　[Mit dem Fahrrad] **fahre** ich seit drei Monaten aus Gesundheitsgründen zur Arbeit.

(5) のように、話題を zur Arbeit にしてしまうこともできます。この場合は、mit dem Fahrrad の部分が焦点になっています。

（5）　[Zur Arbeit] **fahre** ich seit drei Monaten aus Gesundheitsgründen mit dem Fahrrad.

★語順： 名詞と代名詞

　文の中で、名詞と代名詞が使われている場合、代名詞が前に置かれるのが普通です。たとえば、3格と4格の名詞が並んだ場合でも、代名詞を前に出す (6) a. と (7) a. が使われ、(6) b. と (7) b. は使われません。

（6）　a. Ich gebe ihm das Geschenk.

代名詞

　　　　b. *Ich gebe das Geschenk ihm.　　（* 印は許容されない文）

代名詞

（7）　a. Ich gebe es meinem Freund.

代名詞

　　　　b. *Ich gebe meinem Freund es.

代名詞

　代名詞を名詞の前に出す傾向は、1格と3格の場合にも見られます。3格が代名詞で、1格が普通の名詞の場合、代名詞の3格の方が前に出ることがよく見られます。たとえば、(8) a. の方が (8) b. よりも、(9) a. の方が (9) b. よりも多く使われます（逆にしたからといって、間違いではありません）。

（8）　a. Gefällt Ihnen das Buch?

　　　　　　 3格　　 1格

　　　　b. Gefällt das Buch Ihnen?

　　　　　　 1格　　 3格

　　　　その本、あなたは気に入りましたか？

（9）　a. Morgen will ihr Thomas den Bericht übergeben.

　　　　　　　　 3格　 1格

　　　　b. Morgen will Thomas ihr den Bericht übergeben.

　　　　　　　　 1格　 3格

　　　　明日、トーマスは彼女にその知らせを伝えるつもりだ。

　また、副文の中では、主語が普通の名詞の時、再帰代名詞が副文の中の先頭に置かれるのが普通です。(10) a. の方が、(10) b. よりも普通です。

（10）　a. Ich wusste nicht, dass **sich** der Lehrer furchtbar ärgerte.

　　　　b. Ich wusste nicht, dass der Lehrer **sich** furchtbar ärgerte.

　　　　その先生がすごく怒っていることを私は知らなかった。

　このように、代名詞は、文頭へ出てくる傾向があるので、文頭があたかも「水面」のようにたとえられ、**「代名詞は軽いから、文頭に出てくる」** と説明されることもあります。

★語順: 定冠詞付きの名詞と不定冠詞付きの名詞

定冠詞が付いた名詞は、通常、文脈ですでに知られていることを表しています。その意味では、代名詞が前の文章で述べられたことを表しているのと似ています。ですから、定冠詞の付いた名詞は、不定冠詞の付いた名詞と並ぶと、通常、前に置かれる傾向があります。(11) のように、3格と4格の名詞がどちらも定冠詞付きの時は、3格-4格の語順が普通はよく使われ、(12) のように、両方とも代名詞の時は、4格-3格の語順となりますが、(13) a. b. のように、3格と4格の名詞の片方が定冠詞付きの時は、そちらを前に出す方が普通です。「定」が先、「不定」が後、という順番になります。

(11) Ich habe dem Kind das Buch gegeben.

(12) Ich habe es ihm gegeben.

(13) a. Ich habe dem Kind ein Buch gegeben.
　　　　　私は、その子供に1冊の本をあげた。

　　　 b. Ich habe das Buch einem Kind gegeben.
　　　　　私は、その本をひとりの子供にあげた。

★語順: 否定語の位置

否定したい語の前に nicht / kein を置く場合:

(14) a. では形容詞、b. では前置詞句、c. では不定冠詞付きの名詞を否定する場合です。これらの場合は、すぐ後に置かれる語に否定がかかりますので、場合によっては、後ろに sondern が置かれます。

(14) a. Er ist krank. 　　　　　　 ⇒ Er ist **nicht** krank.

　　　 b. Er setzt sich auf den Stuhl. ⇒ Er setzt sich **nicht** auf den Stuhl.

　　　 c. Er liest ein Buch. 　　　　 ⇒ Er liest **kein** Buch.

否定が後ろに置かれる場合:

(15) a. b. のように、元の文に定冠詞や所有冠詞が付いている場合で、全文を否定したい場合には、後ろに nicht が置かれます。ただし、(16) a. b. のように、文の一部を否定したい場合には、否定の対象となる語の前に置かれます。

(15) a. Er liest das Buch. ⇒ Er liest das Buch **nicht**.

　　　 b. Er liest sein Buch. ⇒ Er liest sein Buch **nicht**.

　　　 c. Er liebt mich. 　　 ⇒ Er liebt mich **nicht**.

（16） a. Er liest das Buch.

    ⇒ Er liest **nicht** das Buch (, sondern die Zeitschrift).

  b. Er liest sein Buch.

    ⇒ Er liest **nicht** sein Buch (, sondern ihr Buch).

自動詞を使った文で、何もほかに副詞がない全文否定の場合には、やはり文末に否定の nicht が置かれます。ただし、副詞が付くと、その前に nicht が置かれればその副詞に否定がかかり、後ろに nicht が置かれると全文否定になります。

（17） a. Meine Mutter kommt.　　⇒ Meine Mutter kommt **nicht**.

  b. Meine Mutter kommt heute.

    ⇒ Meine Mutter kommt **nicht** heute (, sondern übermorgen).

  c. Meine Mutter kommt heute. ⇒ Meine Mutter kommt heute **nicht**.

名詞と動詞が密接に結びついた表現の場合：

Bescheid wissen（よく知っている）、Rechnung tragen（～を考慮する）、Auto fahren（車を運転する）のような名詞と動詞が密接に結びついた慣用句の場合、その否定は、これらの名詞の前に、nicht を入れます。

（18） a. Ich weiß hier Bescheid. ⇒ Ich weiß hier **nicht** Bescheid.

  b. Er trägt diesem Umstand Rechnung.

    ⇒ Er trägt diesem Umstand **nicht** Rechnung.

  c. Er fährt Auto.　　　　⇒ Er fährt **nicht** Auto.

スポーツの種目や楽器の演奏、専攻科目などを表現する場合も、それらの名詞の前に nicht を置きます。

（19） a. Ich spiele Tennis.　　⇒ Ich spiele **nicht** Tennis.

  b. Er spielt Klavier.　　⇒ Er spielt **nicht** Klavier.

  c. Sie studiert Medizin. ⇒ Sie studiert **nicht** Medizin.

★語順：文頭に置いてはいけない語

動詞や動詞句を文頭に置くことはできますが、一般的に分離動詞の前綴りだけを文頭に置くことはできません。

（20） a. Sie kann sehr gut tanzen. ⇒ Tanzen kann sie sehr gut.

b. Ich habe noch nie Alkohol getrunken.

⇒ Alkohol getrunken habe ich noch nie.

c. Ich kann mir die Szene gut vorstellen.

⇒ ***Vor** kann ich mir die Szene gut stellen.

　話し手の心的態度を表すと言われている心態詞（Modalpartikeln）も、一般的に文頭には置けません。

(21)　a. Die Kinder spielen **ja** auf der Straße.

⇒ ***Ja** spielen die Kinder auf der Straße.

　　b. Das Leben ist **halt** ungerecht.

⇒ ***Halt** ist das Leben ungerecht.

　強勢を伴わない 4 格の人称代名詞を、文頭に置くことはできません。「それをトーマスは、きのうマリアにあげた」という文の場合、a. のように指示代名詞 das が文頭に置かれる場合は良いのですが、b. のように強勢の置かれない人称代名詞 es が文頭に置かれることはありません。

(22)　a. Das hat Thomas gestern Maria gegeben.

　　b. *Es hat Thomas gestern Maria gegeben.

7.3　意味のまとまりで区切る

[例　題]　　　　　　　　　　　　　　　　　　　（解答は 182 頁）

次の (1)〜(5) の条件に当てはまるものが各組に一つずつあります。それを下の **1**〜**4** のうちから選びなさい。

(1)　意味のまとまりに即して区切って読む場合、最も適切なもの。なお、「/」は区切りを示す。

　1　Die gute / alte Glühbirne hat Alex schon / in den Müll geworfen.

　2　Die gute alte / Glühbirne hat Alex schon / in den Müll geworfen.

　3　Die gute alte Glühbirne / hat Alex / schon in den Müll geworfen.

　4　Die gute alte Glühbirne / hat Alex schon in den Müll / geworfen.

(2)

　1　Thomas zog das Handy / aus der Tasche und / drückte auf das Brief-symbol.

　2　Thomas zog / das Handy aus der Tasche / und drückte auf das Briefsymbol.

3 Thomas zog das Handy / aus der Tasche / und drückte auf / das Briefsymbol.

4 Thomas zog das Handy / aus der Tasche / und drückte / auf das Briefsymbol.

(3)

1 Anna hat den Weg / zum Waldsee schneller gefunden / als Luise.

2 Anna hat den Weg zum Waldsee / schneller gefunden als / Luise.

3 Anna hat / den Weg zum Waldsee schneller gefunden / als Luise.

4 Anna hat den Weg zum Waldsee / schneller gefunden / als Luise.

(4)

1 Kinder entwickeln von Anfang / an große Neugier / auf andere Menschen / und ihre Umwelt.

2 Kinder entwickeln von Anfang an / große Neugier / auf andere Menschen / und ihre Umwelt.

3 Kinder entwickeln von Anfang / an große Neugier auf / andere Menschen und ihre Umwelt.

4 Kinder entwickeln von Anfang an / große Neugier auf / andere Menschen und ihre Umwelt.

(5)

1 In dem Atomkraftwerk Fukushima 1 / hat es der Nachrichtenagentur Kyodo / zufolge eine Explosion gegeben.

2 In dem Atomkraftwerk Fukushima 1 / hat es der Nachrichtenagentur Kyodo zufolge / eine Explosion gegeben.

3 In dem Atomkraftwerk / Fukushima 1 hat es der Nachrichtenagentur / Kyodo zufolge eine Explosion gegeben.

4 In dem Atomkraftwerk / Fukushima 1 hat es der Nachrichtenagentur Kyodo / zufolge eine Explosion gegeben.

ヒント❗

(1) 文頭に出ている部分が4格の目的語になっていることに注意しましょう。

目的語のひとまとまりは、分かるように発音しなければなりません。また、主語は Alex です。

(2) und で文をつなぐ場合は、必ずその前でポーズを置きます。ひとまとまりの前置詞句は分かるように発音します。

(3) 比較級の文です。als より後ろの部分はひとまとまりです。4 格の目的語 den Weg には、zum Waldsee もつながっています。

(4) von Anfang an は、熟語ですから途中で切ってはいけません。Neugier という名詞は、後ろに auf の前置詞句をとって使いますので、ここも一気に読まねばなりません。

(5) 文頭の In で始まる前置詞句は、やや長いですがひとまとまりで切らずに発音します。zufolge は、文章語として新聞などでよく使われますが、後置詞として使われますので、その前の名詞と一緒に発音します。

学習のポイント 🔑   **Kernpunkte**

　普段から、ドイツ語の文章を読む時に、何をまとめて発音するか意識していれば、難しい問題ではありません。構文的なまとまり、意味的なまとまりを意識しておきましょう。

★主語や目的語のまとまりは途中で切らない

　主語や目的語に、さまざまな修飾語が付いていることがあります。そんな時には、意識的に途中で不要なポーズを置かないように注意しましょう。そうすることで、聞いている側は、理解しやすくなります。

（1）　a. Eine blonde Frau im weißen Kittel / sah ihn komisch an.
　　　　　白い上っぱりを着たブロンドの女性が彼のことを奇妙な眼差しで見た。
　　　 b. Anscheinend hat er / richtig schlechte Laune.
　　　　　見たところ彼は、どうやら本当に機嫌が悪そうだ。

（1）a. の文では、主語は Eine blonde Frau im weißen Kittel 全体です。im weißen Kittel は 1 つの前置詞句としてまとまっていますが、その前で切って読んでしまうと、主語の部分が分かりづらくなります。(1) b. では、richtig という副詞が後続の schlechte という形容詞を修飾していますので、richtig schlechte Laune は切らずに一息で読む必要があります。richtig の後でポーズを置いてはいけません。

★構造的区切りの前後にポーズを置く

　ここでの構造的区切りとは、接続詞の前や、関係詞の前のことです。接続詞や関係詞が文中に現れる時は、そこから新たなまとまりが始まるので、その前で切って読んでやることで「まとまり」がはっきりします。(2) の例を見てください。(2) a. では、und の前、(2) b. では、dass の前、(2) c. では oder の前で切ります。また、(2) d. では、Mutter の後、関係代名詞の die の前で切り、さらに、was の前でポーズを置きます。

（2）　a. Die Dame stellte den Teller ab / und ging wieder zum Büfett.

　　　　　その婦人は、皿を置き、再び、ビュッフェ・カウンターへ行った。

　　　b. Mir fällt auf, / dass er sehr nervös ist.

　　　　　彼が、とても神経質になっていることに、私は気がついた。

　　　c. Musst du hier noch etwas machen / oder wollen wir gleich ins Restaurant gehen?

　　　　　まだここでやらなければならないことある？ それとも、すぐにレストランに行く？

　　　d. Ich erkannte die Stimme meiner Mutter, / die etwas antwortete, / was ich nicht verstand.

　　　　　私は、母の声に気がついたが、母は何か答えていて、それは私には理解できなかった。

　接続詞の und の前でもポーズを置きますが、たとえば (3) の例のように前置詞句の中に入っている場合は、前置詞句全体がひとまとまりですから、普通はその前後にポーズを置くことになります。もちろん、(3) でも und の前で軽く切って読みますが、前置詞 nach の前に置くポーズと比べると短めです。

（3）　Jede Ware sollte / nach Preis, Qualität (/) und Gebrauchswert / beurteilt werden.

　　　　　あらゆる商品は、その価格、品質、使用価値に従って判断したほうがいいでしょう。

コラム　覚えるための助け：「ロバ (愚か者) の橋」(Eselsbrücke)

　元素の周期表を覚えるのに、「水平リーベ僕の船…」と覚えた人いませんか？ 水素 (H)、ヘリウム (He)、リチウム (Li)、ベリリウム (Be)、ホウ素 (B)、炭素 (C)、窒素 (N)、酸素 (O)、フッ素 (F)、ネオン (Ne) と続く部分を覚えるためにつくられたものです (「リーベ」はドイツ語の Liebe から来ています)。これらは、英語では mnemonic (ニーモニック)、ドイツ語では Eselsbrücke と呼ばれる記憶するための工夫です。ドイツ語でも元素の周期表の覚え方は工夫されているようで、いろいろな種類があるようです。全体を紹介すると長いので、上であげたところまで紹介すると、Hurra, hier liegen bergeweise Banknoten! Comisch nur, ohne falsche Nummern. (おい、ここには山のようにお札があるぞ。おかしいな、番号は合っている) となります。

　ドイツ語に関する簡単で有名なものの中から 1 つ。Wer nämlich mit h schreibt, ist dämlich. (nämlich に h を付けて書く人はおバカです)。これは nämlich という単語のスペリングで h を付けて書いてしまう人が多いので、こんなものを考えた人がいるのでしょう。Kein r im Monat, keine Austern essen. (r の入っていない月は牡蠣を食べない) というのは 5 月から 8 月まで牡蠣を食べてはいけないという昔の教えです。Duden Allgemeinbildung のシリーズには、Eselsbrücken をまとめた本もあります。

　日本語では年号を覚えるために語呂合わせがよく作られ使われます。ドイツ関連だと、三十年戦争 (Dreißigjähriger Krieg) というのはいかがでしょうか？ 1618 年から 1648 年までの 30 年間、ヨーロッパのほぼ全土を巻き込む悲惨な複数の戦争でした。「広い (し) 野戦の 30 年」というのを聞いたことがありますが、上で紹介した本には、以下のものが紹介されていました。これで覚えられるのかなと思ってしまいますが、リズム感はあります。

Sechzehnhundertzehn und acht — ab jetzt dreißig Jahre Schlacht und Schlacht.

● 第 3 章

読解力を問う問題

❶ 短い文章の内容理解

[過去問]
次の (1) と (2) の文章を読んで、それぞれの内容に合うものを **1～3** のうちから一つ選び、その番号を解答欄に記入しなさい。 **DL 01**

(1) Manchmal hört man den Begriff „Supermond". Man sieht Fotos vom „Supermond" im Fernsehen, in den Zeitungen und in den Zeitschriften. In diesem Bereich der Medien wird der „Supermond" als ein besonderes Ereignis betrachtet. Beim „Supermond" sieht der Vollmond besonders groß aus und man hat den Eindruck, diesen Mond berühren zu können. Aber in der Astronomie, also in der Wissenschaft von den Sternen im Himmel, gibt es den Begriff „Supermond" nicht, denn es handelt sich hier um eine falsche Wahrnehmung, die durch die Perspektive des Sehens entsteht. Das heißt, nur in unserem Gehirn gibt es den „Supermond", aber in Wirklichkeit existiert der „Supermond" nicht.

1 Der „Supermond" wird in den Medien kaum als Thema behandelt.

2 Der „Supermond" sieht so riesig aus, dass man ihn nicht richtig beobachten kann.

3 Der „Supermond" ist kein wissenschaftlicher Begriff.

DL 02

(2) In Nordrhein-Westfalen spricht mehr als die Hälfte der Menschen, die aus dem Ausland stammen, aber schon lange in Deutschland wohnen, mit der Familie zu Hause Deutsch. Nach der Untersuchung in Nordrhein-Westfalen 2017 reden 56 Prozent von den Befragten zu Hause hauptsächlich Deutsch, während etwa 25 Prozent von ihnen Türkisch sprechen. Laut der Untersuchung war Türkisch die Fremdsprache, die am häufigsten genannt wurde. Die anderen Fremdsprachen, die zu Hause gesprochen wurden, sind Russisch, Arabisch und Polnisch.

1 Es ist nicht wahr, dass alle Ausländer in Deutschland zu Hause nur die Sprache ihrer Heimat benutzen.

2 In diesem Text werden außer Türkisch fünf Fremdsprachen genannt.

3 Diese Untersuchung fand nicht nur in Nordrhein-Westfalen, sondern auch in den anderen Bundesländern statt.

(2020 年冬)

　長文とまではいかない長さの文章を読んで、内容にあったものを選ぶ問題です。選択肢の文は短いので、およその内容を理解する上で役立ちます。以下では、選択肢の和訳をヒントとして示しておきます。

(1) 1「『スーパームーン』は、メディアではほとんど話題として扱われていない」、2「『スーパームーン』はあまりにも巨大に見えるので、ちゃんと観察することができない」3「『スーパームーン』は、科学的概念ではない」これら 3 つの選択肢から、「スーパームーン」が話題になっていることが読み取れます。

(2) 1「ドイツにいるあらゆる外国人が自宅で自分の故郷の言語を使っているわけではない」、2「このテキストでは、トルコ語以外の 5 つの言語が挙げられている」、3「この調査はノルトライン・ヴェストファーレンだけではなく、他の連邦州でもおこなわれた」。ドイツにいる外国人と、言語が話題になっています。2 の選択肢は、話題とは無関係なものです。

解答解説📖　　　　　　　　　　　　　　　　Erläuterungen

(1) 本文を最初から見ていきましょう。「ときどき『スーパームーン』という概念を耳にします。テレビや新聞や雑誌では『スーパームーン』の写真を目にします」。ここまで読むと、すでに選択肢 1 は「メディアではほとんど話題として扱われていない」というので内容に合わないことがわかります。本文はさらに次のように続きます。「メディアのこの分野では、『スーパームーン』が特別な出来事として見なされています。『スーパームーン』の時、満月は特別に大きく見え、この月に触れることができるかのような印象を受けます」。この部分は選択肢 2 に近い話です。「スーパームーン」が「あまりにも巨大に見えるので、ちゃんと観察することができない」というのが選択肢 2 でした。考えてみると

91

変な話です。大きく見えるなら観察できるはずで、本文ではその見かけの大きさを「触れることができるかのような印象」と言っています。まだ全部読んだわけではないので、選択肢 **2** は外れる可能性が高いとメモしておきます。「しかし天文学、空の星を扱う科学においては『スーパームーン』という概念はありません、なぜなら、それは視覚の観点から生じる間違った知覚だからです」と本文は続きます。そして最後には、「スーパームーン」は頭の中にしかなく、現実には存在しない、と述べられています。そうすると選択肢 **3** が正解であることになります。つまり「スーパームーン」は間違った知覚でしかないので、現実にそのような月が存在して、科学の研究対象にはならない、ということです。

(2)「ノルトライン・ヴェストファーレン州では、外国から来た人々で、もう長い間ドイツで暮らしている人々の半数以上は、家族と自宅ではドイツ語を話している」というのが本文の最初の文です。文末に spricht の目的語 Deutsch が来ているので分かりづらいかもしれません。選択肢 **1** の内容は、この最初の文の内容と矛盾しません。つまり、ドイツにいるすべての外国人が自宅で出身国の言語を使っている、ということはない (Es ist nicht wahr) と言っているので、自宅でドイツ語を話しているドイツ在住の外国人がいるということは、選択肢 **1** の範囲に収まります。これが正解のようですが、続けて見ていきましょう。ここから後は、2017 年に行われたノルトライン・ヴェストファーレン州の調査の話です（従って選択肢 **3** は除外されます）。この調査によれば、調査対象者の 56% は自宅でドイツ語を話していて、25% がトルコ語を話していたそうです。自宅で話される外国語のトップがトルコ語で、ロシア語、アラビア語、ポーランド語がその他の外国語として挙げられています。外国語の数は、これで 4 つですから、選択肢 **2** は外れます。

> 解答　(1) **3**　(2) **1**

学習のポイント 🔑   **Kernpunkte**

　ここで出題されている短い文章の内容理解は、細かい内容についての理解ではなく、話の大筋をぱっと読んで掴むことを求めています。細部にこだわらず、話の筋を間違えずにつかむ練習をしましょう。長文読解と同様に、意味の分からない単語に出会っても、前後関係からだいたいのことを類推してください。

★話題を見つける

　短い文章ですので、「何について述べているのか」を見つけるのは、それほど困難ではないと思います。パラグラフの最初の文と最後の文には注意しておきま

92

しょう。そのどちらかに話題と、場合によっては、結論まで出ているはずです。

★キーワードと話題を見つける

パラグラフの最初の文と最後の文を読んで話題を見つけた時に、結論も分かってしまうことが多いはずです。さらに、過去問 (1) であれば、キーワードは「スーパームーン」、過去問 (2) であれば、「ドイツ在住の外国人が自宅で使う言語」です。過去問 (1) では、そもそも「スーパームーン」とは何かが話題の大半を占めていますし、過去問 (2) では、ノルトライン・ヴェストファーレン州での調査の話が続きます。

★選択肢と同じ表現が本文にあるわけではない

選択肢と同じ表現を本文の中で探すことは、無意味ではありませんが、実は同じ表現ではなくとも同じことを表すように書かれていることが多いので注意しましょう。上の過去問で正解だった選択肢は、本文で書かれていることを違った形で表現しています。

[例 題] 次の (1) と (2) の文章を読んで、それぞれの内容に合うものを **1 ~ 3**
のうちから一つ選び、その番号を解答欄に記入しなさい。　　（解答は 183 頁）

DL 03

(1)　An vielen Fußgänger-Ampeln in Deutschland versteckt sich unter dem
Ampel-Kasten ein kleiner Knopf, von dem viele Menschen vermutlich
gar nichts wissen. Im Internet machte eine Weile lang die Behauptung
die Runde, man könnte die Ampel dazu bringen, schneller auf Grün zu
schalten, wenn man den Knopf mehrmals hintereinander in einer
bestimmten Abfolge drückt. Das ist zwar Unsinn – einen Zweck und
damit seinen Sinn hat der Knopf aber dennoch.

Betätigt man ihn, passiert fast das Gleiche wie bei der Betätigung des
normalen Knopfes – aber eben nur fast. Denn sobald die Fußgänger-
ampel auf Grün schaltet, ertönt zusätzlich zum visuellen auch ein
akustisches Signal. Der versteckte Knopf ist letztlich nämlich für
blinde und sehbehinderte Menschen gedacht, die durch das Signal
erfahren, dass der Fahrzeug-Verkehr nun Rot hat und die Straße sicher
überquert werden kann.

1　Unter dem Kasten der Fußgänger-Ampeln in Deutschland gibt es
einen kleinen Knopf, der die Ampel schneller auf Grün bringt.

2　Um den kleinen Kopf im Kasten der Fußgänger-Ampeln zu betäti-
gen, muss man ihn mehrmals hintereinander in einer bestimmten
Abfolge drücken.

3　Die Betätigung des versteckten Knopfes, der für blinde und sehbe-
hinderte Menschen gedacht ist, gibt zusätzlich zum visuellen auch
ein akustisches Signal.

DL 04

(2)　Ein Mann ritt auf seinem Esel nach Haus und ließ seinen Buben zu Fuß
nebenherlaufen. Da kam ein Wanderer und sagte: „Das ist nicht recht,
Vater, dass du reitest und deinen Sohn laufen lässt. Du hast doch stär-
kere Glieder." Der Vater stieg vom Esel herab und ließ den Sohn reiten.

Da begegneten sie einem andren Wandersmann. Dieser fragte den Sohn zornig: „Wie kannst du reiten und deinen Vater zu Fuß laufen lassen? Du hast jüngere Beine." Da setzten sich beide auf den Esel und ritten eine Strecke. Bald trafen sie einen dritten Wanderer. Er sagte: „Steigt sofort ab! Ich habe in meinem Leben nie so dumme Kerle gesehen. Begreift ihr denn nicht, dass ihr für das schwache Tier zu schwer seid?" Vater und Sohn gehorchten dem zornigen Mann, stiegen ab und gingen neben dem Esel her.

1 Der Esel war so müde, dass der Mann und sein Bube nicht darauf reiten konnten.

2 Drei Wanderer, die vorbeikamen, gaben ihnen gute Ratschläge.

3 Es ist sehr schwierig, wenn man es allen recht machen will.

コラム　初めから読んでも後ろから読んでも同じ：回文 (Palindrom)

　子供の頃に、「とまと」とか「たけやぶやけた」とか「みがかぬかがみ」と言って遊んだことはありませんか？ どうやら、文字を持つどんな言語でもできそうです（実際に音声を録音して逆に再生すると、同じにはなりません）。ドイツ語の単語でも、考えてみると Uhu（ワシミミズク）、Rentner（年金生活者）、Neffen（Neffe［甥］の複数形）があります。12 ページのコラムで紹介した Duden の *Unnützes Sprachwissen* には、Lagertonnennotregal という 19 字の例をあげています。辞書に載っているような単語ではありませんが、この合成語はどんな意味になっているかというと、およそ「貯蔵樽緊急棚」のようなものではないかと推測できます。つまり、Lager-tonne (n) ＋ Notregal と考えたわけです。文レベルの回文もあります。Lesen Esel?（ロバは読書をしますか？）、Ein Esel lese nie!（ロバは決して読書しないそうだ［lese は接続法 I 式］）とロバは回文にひっぱりだこです。かなりの苦労作も見られますが、愛に関するものを 2 つ紹介しておきます。

Die Liebe geht, hege Beileid!
　愛はうつろうもの、哀惜の念を忘れまじ。

Die Liebe ist Sieger, rege ist sie bei Leid.
　愛こそ勝者なれ、苦悩の時も衰えず。

❷ 総合的な長文問題

[過去問]
次の文章を読んで (1)〜(5) の問いに答えなさい。　　　　DL 05

Schwarzer Tee gilt in Ostfriesland als Nationalgetränk — doch nicht ohne den sogenannten Kluntje. Das ist ein Stück weißer Kandiszucker*, über den Ostfriesen ihren Tee in dünne Porzellantassen gießen. Doch ausgerechnet dieser Kluntje fehlt nun vielerorts in Ostfriesland. Wie die „Ostfriesen-Zeitung" zuerst berichtete, meldeten einige Supermärkte in der Region zuletzt leere Regale bei einer bestimmten Sorte, dem sogenannten „Lüttje Kluntje", also bei den Packungen mit kleineren Kandiszuckerstücken — (a)eigentlich ein Nischenprodukt, und doch bei den Ostfriesen mit ihrer Jahrhunderte alten Teetradition äußerst begehrt.

Der Engpass liegt (b)allerdings nicht bei den kleinen Zuckerstücken selbst, wie eine Sprecherin des Kölner Zuckerherstellers *Pfeifer und Langen* sagte. „Rübenzucker haben wir ausreichend da." Vielmehr fehle es an passendem Verpackungsmaterial aus Papier, um den kleinen Zucker abzufüllen und in die Läden zu bringen. Insgesamt sei Packmaterial zurzeit schwierig zu bekommen, sagte die Sprecherin.

Aber Abhilfe sei in Sicht: Ab Anfang März 2022 soll die Abfüllung der nachgefragten Kandis-Sorte wieder anlaufen und dann wohl ab Mitte des Monats bereits wieder erhältlich sein. Das Interesse speziell für diesen Zucker zeige aber auch, welchen Stellenwert dieser in der Region habe.

Im Bünting-Teemuseum in Leer*, das Touristen regelmäßig (　A　) ostfriesische Teezeremonien besuchen, ist der Mangel übrigens noch nicht angekommen: „Wir haben noch kleinen Kluntje gelagert", sagte der wissenschaftliche Mitarbeiter Henning Priet. Ohnehin seien bei den meisten Teezeremonien eher größere Kluntje gewünscht – für diese gibt es keinen Lieferengpass.

Die ostfriesische Teekultur geht bis in das 17. Jahrhundert zurück und ist in der Region im äußersten Nordwesten Niedersachsens fest verwurzelt. (c)Bis zu sechs Teezeiten gehören für viele Ostfriesen zum Alltag. Früher seien die großen Kluntje-Stücke ein exotisches Luxus-produkt gewesen, sagte Priet. Wer einen großen Kluntje in der Tasse hatte, zeigte damit auch seinen Wohlstand. Der kleine Kluntje sei heutzutage dagegen wegen einer bewussteren Ernährung gefragt.

* Kandiszucker: 氷砂糖

* Leer: レーア（東フリースラント地方にある町の名前）

(1) 下線部 (a) の内容説明として最も適切なものを、次の **1～4** のうちから一つ選び、その番号を解答欄に記入しなさい。

1 Kluntje（クルンティエ）は本来は需要の少ない商品だが、何世紀にもわたるティータイムの伝統がある東フリースラントの人たちの間ではとても人気がある。

2 もともと東フリースラントで誕生したクルンティエは、東フリースラント以外の地方へも伝わり、伝統的なティータイムの様式の流行が追い風となって、100 周年を迎えた。

3 クルンティエは一般向けの商品ではなく、紅茶の伝統が 100 年以上前から根ざしている東フリースラントだけで生産が続けられてきた。

4 もともと東フリースラント特産の原料で作られる甘味料クルンティエは、数百年の伝統をもつ当地のティータイムに不可欠のものとして知られている。

(2) 下線部 (b) を言い換えたときに、最も意味が近くなるものを次の **1～4** のうちから一つ選び、その番号を解答欄に記入しなさい。

1 ebenfalls　　**2** gewiss　　**3** jedoch　　**4** sowieso

(3) 空欄（　**A**　）に当てはまる語として最も適切なものを次の **1～4** のうちから一つ選び、その番号を解答欄に記入しなさい。

1 an　　**2** für　　**3** gegen　　**4** vor

(4) 下線部 (c) の内容説明として最も適切なものを次の **1～4** のうちから一つ選び、その番号を解答欄に記入しなさい。

1 東フリースラントでは、ティータイムには必ず 6 杯のお茶を準備し、多くの人をもてなすことが日常となっている。

2 東フリースラントでは、週に 6 回お茶会を開催し、多くの人を招待することが日常となっている。

3 東フリースラントの多くの人にとっては、最大で 1 日に 6 回お茶の時間を持つことが日常となっている。

4 東フリースラントの多くの人にとっては、毎日 6 時頃までお茶の時間を楽しむことが日常となっている。

(5) 本文の内容に合うものを次の **1~6** のうちから三つ選び、その番号を解答欄に記入しなさい。ただし、番号の順序は問いません。

1 東フリースラントのティータイムでは、ティーカップにクルンティエを入れたあとで紅茶を注ぎ入れる。

2 クルンティエは、いくつかのスーパーマーケットをのぞいて、すべてのメーカーのものが欠品状態にある。

3 クルンティエの欠品の理由は、包装紙が不足しているためであり、クルンティエそのものは十分に生産されている。

4 2022 年の 3 月以降は個包装をやめるため、3 月中旬には十分な量のクルンティエが流通することが見込まれている。

5 東フリースラント式のお茶の文化は 17 世紀に当地で生まれ、とくにオランダの北西で人気となった。

6 かつて大きなクルンティエは富裕の象徴であったが、健康志向の高まり受け、最近は小さなクルンティエがよく売れている。

(2022 年冬)

総合文章問題は、さまざまな角度から文章の内容理解を問う設問が出題されます。長文読解は、細部が分からなくても内容の全体像をつかむことが大切です。分からない単語や言い回しが出てきても、前後関係から推測して読むことが読解力です。また、長文テキストの最初の文をきちんと理解することが大きなヒントになることがよくあります。

この文章では、最初の文に現れる注釈のついた語 Kandiszucker（氷砂糖）が大きな意味を持っています。最初の文が Schwarzer Tee gilt in Ostfriesland als Nationalgetränk — doch nicht ohne den sogenannten Kluntje.（紅茶は東フ

リースラントでは国民的飲み物として通用しています、でもいわゆるクルンティエ無しではだめです［＝成り立ちません］。）と言った後で、Das ist ein Stück weißer Kandiszucker,（それは、白い氷砂糖のひとかけらです）と説明しています。この長文の最初の文を説明するのに Kandiszucker（氷砂糖）が出てきたわけです。Kluntje（クルンティエ＝白い氷砂糖のかけら）というのを頭に入れておきます。

次に、Ostfriesland（東フリースラント）です。ドイツ北部のオランダと接するあたりで北海に面したところが東フリースラントと呼ばれる地域ですが、フリジア語（＝フリースラント語）が話されている地域で独特の文化があります。この文章では、東フリースラントの紅茶を飲む文化が話題の背景にあります（2016 年にユネスコ無形文化遺産に認定されています）。フリースラント（Friesland）に住む人たちをフリース人（あるいは、フリジア人）と言い、ドイツ語では Friese と言います（男性弱変化名詞です）。

まず、最初の下線部 (a) の内容説明を考えます。2 級では内容説明が和文の選択肢になっていますので、ざっと目を通しておきます。下線部 (a) は、よく見ると文になっていません。すぐ前のダッシュの前に „Lüttje Kluntje" とあって、それを説明した表現 Packungen mit kleineren Kandiszuckerstücken（小さな氷砂糖のかけらの入ったパッケージ）があります。これが意味上の主語です。この氷砂糖の入ったパッケージは、Nischenprodukt（ニッチな商品）で「フリース人の間では極めて需要がある」（bei den Ostfriesen ... äußerst begehrt）と言っています。

第二パラグラフは Der Engpass（品不足の窮地：ボトルネック）で始まります。これは、第一パラグラフの 3 行目に ... dieser Kluntje fehlt nun vielerorts in Ostfriesland.（このクルンティエが東フリースラントの多くの場所で不足している）と言ったことを指しています。さて下線部 (b) は、allerdings ですが、その言い換えを選択する問題です。allerdings には、3 つの用法があり、[1] は、意味的限定を加える「ただし ... だが」、[2] は強い肯定を表す「もちろん」、そして [3] は後ろに aber が置かれて「なるほど ... だがしかし」と和訳されます。ここでは aber は後に続かないので [3] ではありません。

第四パラグラフでは、ビュンティング紅茶博物館（Bünting-Teemuseum）での話が展開されます。ここには、空欄（　A　）に入れる適切な前置詞を選ぶ問題があります。観光客がこの博物館を訪れる理由を述べるのに使える前置詞を選びます。

最後のパラグラフにある下線部 (c) は、選択肢の中から内容説明として適切なものを選ぶ問題です。選択肢には似かよったことが書かれていますが、Bis zu sechs Teezeiten（6回までのお茶の時間）の部分をきちんと理解すれば、正解はすぐにわかります。

この文章は、2022年2月27日に *Süddeutsche Zeitung* のオンライン版などに掲載された dpa 発信の記事 „Süßer Engpass: Ostfriesen fehlt für Teezeit kleiner Kluntje" から来ています。

解答解説📖   Erläuterungen

（1）下線部 (a) の内容説明ですが、上のヒントに述べたように、ここでは ... bei dem sogenannten „Lüttje Kluntje", also bei den Packungen mit kleineren Kandiszuckerstücken に続く部分なのですが、ダッシュがあって付加的な説明がきている部分です。主語と動詞を敢えて補えば、[Das ist] eigentlich ein Nischenprodukt, und doch bei den Ostfriesen mit ihrer Jahrhunderte alten Teetradition äußerst begehrt. となります。Das ist äußerst begehrt. で、「それは極めて需要がある」という表現なので、この部分を和訳すると「ニッチな商品で数百年におよぶ紅茶の伝統を持つフリース人の間では極めて需要がある」となります。一番近いのは選択肢 **3** です。

（2）紅茶を飲む伝統がある東フリースラントですが、クルンティエが不足している、というのが第一パラグラフの内容でした。第二パラグラフの先頭の文は、allerdings を無視すると「その品不足の窮地は、その小さな砂糖のかけら自体にあるのではない、そのようにケルンの砂糖製造業 Pfeifer und Langen のスポークスパーソンは言った」という意味です。ここで適切なのは意味を制限する jedoch です。独和辞典では副詞のところに「しかし」と書いてあるだけですが、ドイツ語では Einschränkung という語の説明があります。これが「制限」です。日本語では、「ただし、... ではある」のような和訳がぴったりです。(b) の allerdings は書き言葉でこの制限の意味でよく用いられます。クルンティエの不足の原因は、砂糖そのものが不足しているのではなく、紙パッケージの原料不足でした。

（3）第四パラグラフは、レーア（Leer）にあるビュンティング紅茶博物館の話です。空欄（　**A**　）に入れる適切な前置詞は、観光客がこの博物館を訪れる理由と関係するのですが、理由を入れ込むのに適切なのは **2 für** です。

（4）下線部 (c) は「6回までのお茶の時間は、多くの東フリース人にとって日常のものだ」という意味です。これを表している選択肢は **3** です。「6回までのお茶の時間」とは、「一日に最大限で6回お茶の時間を持つ」という意味です。

（5）は、本文の内容に合うものを3つ選ぶ問題です。選択肢を一つひとつ確認してみましょう。**1** は、「東フリースラントのティータイムでは、ティーカップ

にクルンティエを入れたあとで紅茶を注ぎ入れる」ですが、第一パラグラフの第1の文と第2の文がこれに相当しますので正解です。ein Stück weißer Kandiszucker が Kluntje でしたから、...、über den Ostfriesen ihren Tee in dünne Porzellantassen gießen. と書かれている部分は、「東フリース人は、薄い磁器のカップの中の、そのクルンティエの上に自分のお茶を注ぐ」という意味です。日本語的発想では、Ostfriesen gießen ihren Tee über den Kluntje in dünne Porzellantassen. のように2つの方向を表す（4格名詞を伴う）前置詞句が並ぶのは変ですが、ドイツ語では普通です。日本語は、場所の中に場所を入れ込む表現が普通なので、「カップの中のクルンティエの上」のように和訳するしかありません。**2** の選択肢では、「いくつかのスーパーマーケットをのぞいて」と書かれています。しかし、第一パラグラフで書かれていることは「いくつかのスーパーマーケットは、特定の種類の（クルンティエ）の棚が空っぽであることを報告している」（meldeten einige Supermärkte leere Regale bei einer bestimmten Sorte）となっていますので違います。**3** の選択肢では、欠品の理由が述べられています。「包装紙が不足しているためで」、「クルンティエそのものは十分に生産されている」としていますが、これは、第二パラグラフの内容とほぼ合致しているので正解です（ドイツ語では「テンサイ糖が十分にある」（Rübenzucker haben wir ausreichend da.）と述べています）。**4** の選択肢では、「2022年の3月以降は個包装をやめるため」と書かれていますが、そんなことは書かれていません。第三パラグラフにある Abfüllung der nachgefragten Kandis-Sorte は、「需要のある氷砂糖の種類を（パッケージに）詰めること」という意味です。選択肢 **5** は、「とくにオランダの北西で人気となった」と書かれていますが、本文にオランダは登場しません。最後のパラグラフにあるのは、ニーダーザクセン州（Niedersachsen）です。選択肢 **6** は、最後のパラグラフの最後の2つの文に書かれていますので正解です。昔は大きなクルンティエを入れて紅茶を飲む人が裕福だと言われていたのですが、今では「栄養をより一層意識することから」（wegen einer bewussteren Ernährung）小さいクルンティエの需要が高いそうです。

解答	(1) **3**	(2) **3**	(3) **2**	(4) **3**	(5) **1, 3, 6**

学習のポイント 🔑　　　　　　　　　　　　　　　**Kernpunkte**

　長文読解の問題を解くには、普段から文章を読むことに慣れておくことが大事なのは言うまでもありません。パラグラフごとに、何が述べられているのかを整理して読むといいでしょう。長文を読んで、意味の分からない単語にであっても、前後関係からだいたいのことを類推できる、というのも読解力の1つで

す。分からない単語が出てきても、怖がる必要はありません。

★トピック文を見つける

　それぞれのパラグラフには、トピック文がありますので、その文の内容を間違えずに解釈することがまず第一歩です。トピック文は、パラグラフの先頭か、末尾にあることが多いものです。ここでの過去問は、5つのパラグラフでできています。第一パラグラフのトピック文は、導入のパラグラフという特殊事情から、3つ目の文（Doch ausgerechnet ...）ですが、第二～第五パラグラフでは、先頭の文がトピック文になっています。

★設問で問われている箇所の前後に注目

　文章全体の内容を問う問題は別ですが、それ以外の設問で問われる箇所は、その前後の文に注目することが大切です。ここでの過去問を例にとると、下線部（a）の前には、ダッシュ（Gadankenstrich）が使われていますが、このダッシュは付加的に情報を示すのに使われています。„Lüttje Kluntje"（小さいクルンティエ）の説明に対する追加情報です。次の下線部（b）は、allerdings の言い換えを選択する問題でしたが、第一パラグラフで、クルンティエの品不足が紹介されていたのを受けて、その品不足の原因を語っています。これが、allerdings の意味を決定するヒントです。（3）は、前置詞選択の問題ですが、旅行客たちが「定期的に」（regelmäßig）に紅茶博物館を訪れる理由がここに必要です。

★関係をつける表現に注目

　接続詞や副詞、相関語句で、前後の関係をつける表現に注目すると、話の流れが分かりやすくなります。たとえば、第一パラグラフの „Lüttje Kluntje" の後に、also があります。これは説明を加える時に使われる副詞です。この後に続く部分が言い換えになっています。そして下線部（a）がありますが、ここでは eigentlich A, und doch B という形になっていて「そもそも A なのだけれども、B だ」という相関的な言い方が使われています。この他にも、vielmehr, aber, damit, dagegen, wegen も話の流れを分かりやすくするように使われていますので注意して前後関係をつかんでください。

★言い換え表現を見つけよう

　ドイツ語で文章を書く時には、英語の場合と同じように、同じことを同じ言葉でくりかえさないようにする工夫が求められます。それは読み手を飽きさせ

ない工夫でもありますが、1つの事柄をさまざまな側面から説明する手段にもなっています。ここでの過去問では、何と言っても主役の „Lüttje Kluntje" が言い換えられています。「ちいさなクルンティエ」は、Packungen mit kleineren Kandiszuckerstücken（小さな氷砂糖のかけらの入ったパッケージ）, ein Nischenprodukt（ニッチな製品）, die kleinen Zuckerstücke（小さな砂糖のかけら）, der kleine Zucker（小さな砂糖）, die nachgefragte Kandis-Sorte（需要が高まっている氷砂糖の種類）と表現されています。この共通関係を見抜けば、話がつながって理解できます。

[**例　題**] 次の文章を読んで (1) ～ (5) の問いに答えなさい。　（解答は 184 頁）

DL 06

(a)Die Ökologin Koltz von der Washington University in St. Louis untersucht nicht nur, wie sich die Klimaerwärmung auf das Verhältnis von Raub- und Beutetieren auswirkt, sondern auch, wie diese Veränderungen das gesamte Ökosystem beeinflussen. „Ich hatte wirklich das Gefühl, dass der tierische Faktor in dieser Geschichte fehlte", erzählt sie.

Wissenschaftler wissen schon seit fast zehn Jahren, dass sich der Klimawandel auch auf die Spinnenpopulationen auswirken würde. Eine Studie aus dem Jahr 2009 zeigte, dass eine wärmere Arktis* mit einem früheren Frühlingsbeginn und längeren Sommern größere Wolfspinnen* (　**A**　) Folge haben könnte. Da größere Spinnen auch mehr Nachwuchs produzieren können, würde sich ihr Bestand zudem vergrößern.

Wolfspinnen fressen die meisten Insekten und kleineren Spinnen. (b)Wenn ihre Populationsdichte zu groß wird, fallen sie auch über ihre Artgenossen her. Einer ihrer liebsten Leckerbissen sind allerdings pilzfressende Gliederfüßer namens Springschwänze*. Was würde also passieren, wenn Wolfspinnen entweder mehr oder aber weniger Springschwänze verzehren würden? Würde sich damit auch die Menge an arktischen Pilzen verändern?

Wenn die Temperaturen steigen, wird die organische Materie im Boden schneller zersetzt und die Wolfspinnen sind aktiver. Koltz erwartete in dem Fall, dass die Spinnen die Springschwanz-population in ihren Mini-Ökosystemen drastisch reduzieren würden. Allerdings (c)war genau das Gegenteil der Fall.

Dort, wo sich mehr Spinnen tummelten, wurden plötzlich weniger Springschwänze gefressen. Stattdessen konnten die zahlreicheren Springschwänze mehr Pilze verzehren, sodass die Zersetzung im Boden verlangsamt wurde. Im Vergleich zu Bereichen, in denen es fast gar keine Spinnen gab, verrottete der Boden in Bereichen mit einer größeren Spinnenpopulation zudem in geringerem Maß. Auf gewisse Weise helfen die Spinnen also dabei, den Klimawandel in der arktischen Tundra zu bekämpfen.

*Arktis: 北極地方　　*Wolfspinne: コモリグモ　　*Springschwanz: トビムシ

(1) 下線部 (a) の内容説明として最も適切なものを次の**1〜4**から一つ選び、その番号を解答欄に記入しなさい。

1 セントルイスにあるワシントン大学の生態学者コルツは、どんなに気候温暖化が肉食獣と獲物の状況に影響しているかだけでなく、これらの変化が生態系全体に影響していることを観察している。

2 セントルイスにあるワシントン大学の生態学者コルツは、どのように気候温暖化が肉食獣と獲物の関係に影響を与えているかだけではなく、どのようにこれらの変化が生態系全体に影響しているかを調査している。

3 セントルイスにあるワシントン大学の生態学者コルツは、どのように気候温暖化が肉食獣と獲物動物の暮らし向きに影響しているかだけではなく、これらの変化が生態系全体に影響している様子を研究している。

4 セントルイスにあるワシントン大学の生態学者コルツは、どんなに気候温暖化が肉食獣と獲物の生活環境に影響しているかだけでなく、これらの変化が生態系全体に影響している様子を観察している。

(2) 空欄（　**A**　）に当てはまる語として最も適切なものを次の**1〜4**から一つ選び、その番号を解答欄に記入しなさい。

1 in　　　　　**2** auf　　　　　**3** zur　　　　　**4** mit

(3) 下線部 (b) の内容説明として最も適切なものを次の**1〜4**から一つ選び、その番号を解答欄に記入しなさい。

1 小さなクモは自分たちの個体群の密度が上がりすぎると、自分たちの同類に襲いかかる。

2 たいていの昆虫は個体群の密度が上がりすぎると、自分たちの同類を食べてしまう。

3 昆虫や小さなクモは自分たちの個体群の密度が上がりすぎると、自分たちの同類を食べてしまう。

4 コモリグモは自分たちの個体群の密度が上がりすぎると、自分たちの同類に襲いかかる。

(4) 下線部 (c) を言い換えたときに、最も意味が近くなるものを次の**1〜4**から一つ選び、その番号を解答欄に記入しなさい。

1 war das nicht so.

2 fiel das in den Dreck.

3 fiel auf die Erde.

4 war ein ähnlicher Fall.

(5) 本文の内容に合うものを次の**1**～**6**のうちから三つ選び、その番号を解答欄に記入しなさい。ただし、番号の順序は問いません。

1 科学者たちは、10年以上前から気候変動がクモの個体数に影響を与えることを知っていた。

2 コモリグモが最も好きな食べ物の一つは、キノコを食べる節足動物であるトビムシである。

3 気温が上昇すると、地中の有機物質がよりはやく分解し、コモリグモはおとなしくなる。

4 生態学者のコルツは、コモリグモがトビムシの個体数を大幅に減らしてしまうのではないかと予想していたが、そうはならなかった。

5 コモリグモがたくさんいるところでは、トビムシが多く食用にされることになった。

6 コモリグモがたくさんいるところでは、地面の腐敗は進まず、北極のツンドラ地帯での気候変動を抑えるのにクモが役立っている。

コラム　どこまでがひとまとまりか？

　ドイツ語では、長い単語ができることが有名です。そんな長い単語でも、苦もなく読めるものもある一方で、思わぬ罠に引っかかってしまい、意味不明になることがあります。まずは、Bastian Sick (2013) *Der Dativ ist dem Genitiv sein Tod.* Folge 5. に載っていた印象的な例から。ドイツ語では、スピード制限のことを Geschwindigkeitsbeschränkung と28文字で表現します（英語では speed limit）。ドイツ語に慣れていると特に難しくなく書いたり読んだりできる単語です。なぜかというと、この単語を見るやいなや、ぱっと2つに分けることができるからです。つまり、Geschwin-digkeit（速度）と Beschränkung（制限）です。どちらもとても一般的な単語です。ですから、28文字という文字数の多さは問題になりません。では、次の2つの単語を見てください。

　(1) Gründung　　(2) Blumentopferde

　(1)は grün と Dung（肥料）から作られていると考えると「緑肥」、gründen（設立する）という動詞の名詞化と考えると「設立」という2つ解釈ができてしまいます（「緑肥」の場合は ü を長く発音し、「創立」の場合は ü を短く発

音します）。(2) は、ぱっと見て Blumento と Pferde に分けて「ブルーメント馬」という馬がいる、と思ってしまうと大間違い。正解は、Blumentopf（植木鉢）＋ Erde（土）で、「植木鉢用の土」です。意味のまとまりを認識することはとても重要だ、という話で、ドイツ人から聞いたエピソードでした。

コラム　早口言葉＝「舌を壊すもの」(Zungenbrecher)

　人間の話す言葉は、基本的に音声を前提に発達したものである、と言われています。何をいまさらと思われるかもしれませんが、今の時代、当たり前のように文字を扱っていますが、文字は後から付けられた対応記号であるということです。言葉の勉強は、通常音声なくして考えられない、ということでもあります。発音練習というと、何かとても退屈で自分では進歩が感じられないものと考える人もいると思いますが、そんな人には早口言葉がおすすめです。英語では、tongue twister（舌をねじ曲げるもの）と言いますが、ドイツ語では、Zungenbrecher（舌を壊すもの）と言います。日本語にない音を含むものが特におすすめです。まず、[f] の音ですが、日本語で使われる「ふ」[ɸɯ] という音で発音しないように練習するのには、(1) がおすすめです。これはドイツ語の早口言葉でもっとも知られたものでしょう。(2) は [ʀ] と [l] の練習です。日本語の「らりるれろ」にならないようにしましょう。(3) は [v] の音の練習、(4) は [tsv] の練習です。

(1) Fischers Fritz fischte frische Fische, frische Fische fischte Fischers Fritz.
    漁師のフリッツは新鮮な魚を釣った、新鮮な魚を漁師のフリッツは釣った。

(2) Blaukraut bleibt Blaukraut und Brautkleid bleibt Brautkleid.
    ムラサキキャベツはムラサキキャベツ、花嫁衣裳は花嫁衣裳。

(3) Wir Wiener Waschweiber würden weiße Wäsche waschen, wenn wir wüßten, wo warmes Wasser wäre.　私たちウィーンの洗濯女は、温水がある場所がわかれば白い洗濯物も洗います。

(4) Zwischen zwei Zwetschgenzweigen saßen zwei zwitschernde Schwalben.
    プラムの木の2本の枝の間に、2羽のさえずっているツバメがとまっていた。

107

❸ 会話文： 文脈理解と補充

［過去問］
次の会話を読み、空欄（　**a**　）～（　**e**　）に入れるのに最も適切なもの
を右の **1～5** のうちから選び、その番号を解答欄に記入しなさい。

DL 07

René Möllenkamp hat zahlreiche Spielevents organisiert. Gute Spiele
gibt es viele. Aber gutes Spielen will gelernt sein, sagt er.

Interviewer:　Herr Möllenkamp, warum spielt man?

Möllenkamp:　Kinder spielen, um die Welt zu entdecken, sie zu ver-
stehen und zu begreifen. Man sammelt spielerisch Er-
fahrungen, ohne mit wahren Konsequenzen rechnen zu
müssen. （　**a**　）

Interviewer:　Was macht ein gutes Spiel und gutes Spielen aus?

Möllenkamp:　Ein gutes Spiel lädt Kinder dazu ein, sich in einem
geschützten Rahmen frei auszuprobieren und ihre na-
türliche, angeborene Neugier zu genießen. Wenn Kinder
im Spiel selbst entscheiden können, was, wie lange und
womit sie spielen, führt das dazu, dass sie ihrem inneren
Drang nach neuen Erfahrungen folgen können, sich
weiterentwickeln und dadurch Zufriedenheit und Glück
erfahren.

Interviewer:　（　**b**　）

Möllenkamp:　Beim freien Spiel in der Gruppe spüren Kinder die
Freiheit, ihre individuellen, körperlichen Grenzen zu
testen und kreativ zu sein. （　**c**　）Aber auch einfache
Mittel, die wir zu Hause oder in der Natur finden, eignen
sich genauso gut für fantasievolle Spiele.

Interviewer:　（　**d**　）

Möllenkamp:　Nur weil ein Kind anscheinend nicht so gern spielt, heißt
das nicht zwangsläufig, dass es sich ungünstig ent-
wickelt, also unglücklich ist oder wird. （　**e**　）Meist

kommen unsere Kinder ganz von allein auf kreative Spielideen.

1 Welches Spiel empfehlen Sie?

2 Was ist mit Kindern, die nicht so gern spielen?

3 In seiner freien Zeit kann man auch mal nur ein Buch lesen, singen oder einfach mal zufrieden damit sein, gar nichts zu tun.

4 Daher ist in der pädagogischen Arbeit das Zitat weit verbreitet: „Das Spiel ist die Arbeit des Kindes". Zu spielen ist sozusagen der Beruf eines jeden Kindes.

5 Dafür eignen sich zum Beispiel sehr gut Bauklötze und anderes Spielzeug, mit dem man etwas bauen kann.

(2022 年夏)

　会話文（多くはインタビュー）では、会話の流れをつかみ、前後関係から適切な文を選ぶことが求められます。会話文が全体で完成するように補充することが求められます。会話の話題をつかむことで、話の流れが分かりますから、まずは会話全体の話題を見つけるところから始めましょう。

　この会話は、インタビューアーと社会体験教育の専門家ルネ・メレンカンプ氏の間で交わされているインタビューです。会話文の前に、説明書きがあるので、これがまず大きなヒントです。きちんと理解しておきましょう。「レネ・メレンカンプは、おおくの遊びのイベントを組織してきました。よい遊びというのはたくさんあります。でもうまく遊ぶことは学ばなければなりません、と彼は言います」。キーワードは、gute Spiele と gutes Spielen です。

　次に、会話文の中に入る選択肢を見ておきましょう。

1 Welches Spiel empfehlen Sie?（あなたはどんな遊びを勧めますか？）

2 Was ist mit Kindern, die nicht so gern spielen?（そんなに遊ぶのが好きではない子供はどうしたらいいのでしょうか？）

3 In seiner freien Zeit kann man auch mal nur ein Buch lesen, singen oder einfach mal zufrieden damit sein, gar nichts zu tun.（人は、自分の自由時

間に時にはただ本を読んだり、歌を歌ったり、あるいはただ何にもしないことに満足したりします。）

4 Daher ist in der pädagogischen Arbeit das Zitat weit verbreitet: „Das Spiel ist die Arbeit des Kindes“. Zu spielen ist sozusagen der Beruf eines jeden Kindes. （だから、教育学的な研究では次のことが広まっています。すなわち、「遊ぶことは、子供の仕事だ」という考えです。遊ぶことは、いわば、一人一人の子供の職業なんです。）

5 Dafür eignen sich zum Beispiel sehr gut Bauklötze und anderes Spielzeug, mit dem man etwas bauen kann. （そのためには、例えば、とてもよい積み木や他の遊び道具が適しています、それでもって何かを作ることができるような。）

　5つの選択肢のうち、疑問文は2つです。そしてこれらの疑問文は、疑いなくインタビューアーが発したものです。会話文のカッコのあるところを見れば、この2ヶ所が確認できます。

　この文章は、2021年2月13日に *Weser Kurier* のオンライン版に掲載されたインタビュー記事 „Spielen ist der Beruf eines jeden Kindes“ が出典です。

解答解説 📖　　　　　　　　　　　　　　　　　　Erläuterungen

　インタビューアーの疑問文からまず考えます。（　**b**　）と（　**d**　）がその箇所です。すぐ後にはこの部分の疑問文の答えがきます。選択肢1は、「あなたはどんな遊びを勧めますか？」でした。これに続く答えは、メレンカンプ氏が勧める具体的な遊びが話題となっている文です。Beim freien Spiel in der Gruppe ...（グループの中での自由な遊びでは）の方が Nur weil ein Kind anscheinend nicht so gern spielt （一人の子供がそんなに遊ぶのが好きではないように見えたという理由からだけで）よりも答えとして適切です。そうすると、選択肢1は（　**b**　）に入ります。そうすると（　**d**　）に入るのは、もう一つの疑問文の選択肢2になります。

　では残りのメレンカンプ氏の応対を見ていきましょう。最初の（　**a**　）は、「なぜ人は遊ぶのでしょうか？」という大きな疑問文に対するメレンカンプ氏の答えの最後にあります。選択肢3、4、5の中で一般的な遊びに言及しているのは4です。„Das Spiel ist die Arbeit des Kindes“（「遊ぶことは、子供の仕事だ」）という引用が入っているところからも、それは明らかです。（　**c**　）は、お勧めの遊びについてメレンカンプ氏が話をしている途中に入ります。残された選択肢は3と5ですが、ここでは具体的な遊びに言及している5が正解です。

Bauklötze und anderes Spielzeug, mit dem man etwas bauen kann. (「それでもって何かを作ることができるような積み木やそのほかの遊び道具」) に言及しています。そのすぐ後で、Aber ... で話が続き、家や自然の中にあるようなものでもよい、と話がつながります。そうすると、残りの (**e**) には、選択肢 **3** が入ります。「そんなに遊ぶのが好きではない子供」に対するメレンカンプ氏の助言の部分です。

解答　(a) **4**　(b) **1**　(c) **5**　(d) **2**　(e) **3**

学習のポイント🔑　　　　　　　　　　　　　　　Kernpunkte

　独検2級の会話文は、特定のテーマに関する架空の会話文、特定の人物に対する架空のインタビュー、実際のインタビューの一部を改変したものが出題されています。通常の会話では誰かが話題を提起して、その話題が複数の話し手によって展開されて進行していきますから、**会話の話題と進行を理解し**、それ**に対して誰がどのような立場で何を言っているのかを理解する**ことが重要です。他方、インタビューはレポーターが質問して、それに対して誰かが答えるという形式です。**誰がインタビューに答えているのか**、**何が話題なのか**、**どのように話が進行しているのかに注目して読みましょう**。会話の流れを追っていって、分かるところから空所を補っていきましょう。

★会話文に慣れる
　まず、書き言葉ではありませんから、会話独特の表現が出てきます。普段から、会話文に慣れておくことが必要です。会話によく登場する表現、省略、何が尋ねられてどのように答えているかに注意しましょう。

★最初の質問から話題を見定める
　インタビュー形式の場合、最初の質問が重要です。何が話題になっているのかを理解するのと同時に、インタビューを受けている側の人がどのような人で、どのような答えをしているのかをつかんでおきましょう。

★補充する前後の文の形式と内容をよく理解する
　疑問文の後に補充箇所があるのなら、当然そこには疑問文に合った答えが入ります。今回の過去問では **b** と **d** がインタビューアーの疑問文になっています。その疑問文に答えるのが次の発言です。明確な返事の場合もあり、その場合はそれがヒントになります。補充する箇所のすぐ前にヒントがない時は、すぐ後

を見てみましょう。

★話の流れを追う

　会話の文に慣れ、前後関係に注意して、最終的には、話の流れをつかみます。何が話題なのか、それに対して、誰が何と答えているのか、誰がどんな意見をもっているのかを読みながら整理してメモしておくといいでしょう。

コラム　auf と zu

　ある時、部屋の中にいたら、ドアがきちんと閉まっていないことに気がつきました。すると、同じ部屋にいた他の人が、Tür zu! と言いました。おや、と思って調べてみると、「ドアを閉めて！」という命令文なのです。同様に、Tür auf! と言うと、「ドアを開けて！」という命令文になります。注意していると、このような auf や zu はよく使われています。この場合、auf は「開ける」、zu は「閉じる」という動詞と同等の働きをしています。ちゃんとした文にして、Die Tür ist auf. と言えば「そのドアは開いている」、Die Tür ist zu. と言えば「そのドアは閉じている」という状態表現になります。

　分離動詞の前綴りとしての auf や zu には、この「開いている」、「閉じている」という意味もあります。行為を表す動詞と組み合わせることで、「…をして開ける／閉じる」という意味を表します。例えば drücken（押す）と組み合わせて、aufdrücken（押し開ける）、zudrücken（押して閉める）、drehen（回す）と組み合わせて aufdrehen（回して開ける）、zudrehen（回して閉める）ができます。machen（する）と組み合わせると aufmachen（…を開く）、zumachen（…を閉じる）という動詞もできます。もっとも、分離動詞の前綴り auf には「上へ」、zu には「ある方向へ」などの意味もありますので、注意が必要です。

112

[例　題]

次の会話を読み、空欄（　a　）～（　e　）に入れるのに最も適切なものを下の
1～5のうちから選び、その番号を解答欄に記入しなさい。

（解答は186頁）　**DL 08**

[Interview mit Franziska Brandmann, 28, Bundesvorsitzende der Jungen Liberalen]

Interviewer:　Frau Brandmann, das neue Infektionsschutzgesetz des Bundes sieht vor, dass die Länder eine Maskenpflicht ab Klasse fünf verhängen dürfen. Die FDP, Ihre Partei, hat die Maskenpflicht immer bekämpft.

Brandmann:　Die Maskenpflicht in Klassenräumen darf nur angeordnet werden, »wenn dies zur Aufrechterhaltung eines geregelten Präsenz-Unterrichtsbetriebs erforderlich ist«, so steht es im Gesetz. (　a　) Das muss auch von den Ländern so behandelt werden.

Interviewer:　Wenn man erst reagiert, wenn signifikante Teile der Lehrerschaft erkrankt sind, bringt eine Maskenpflicht nicht mehr viel.

Brandmann:　Was ist die Alternative? Sollen wir wieder die Freiheitsrechte von Kindern und Jugendlichen einschränken, ohne dass für sie eine akute Gefahr besteht? (　b　) Wir müssen uns auf den Winter vorbereiten – aber nicht so.

Interviewer:　Was schlagen Sie vor?

Brandmann:　(　c　) Ich hätte mir gewünscht, dass die Länder den Sommer nutzen, um Konzepte dafür zu entwickeln. Das ist nicht passiert. Auch das Thema Hygiene ist weitgehend hintenübergefallen.

Interviewer:　Wie meinen Sie das?

Brandmann:　Wo gibt es schon CO_2-Ampeln? An manchen Schulen gibt es nicht mal Seife zum Händewaschen. Stattdessen sprechen wir darüber, ob man Schulen die Heizungen herunterdrehen sollte, um Energie zu sparen. Das macht mich wütend.

Interviewer: （ **d** ）

Brandmann: Die Frage stellt sich nicht. Mit beiden Herausforderungen müssen wir umgehen. Die Schule sollte der letzte Ort sein, an dem die Heizung abgedreht wird. （ **e** ） Bei vielen Kindern sind in den vergangenen zwei Jahren enorme Lernlücken entstanden. Wir werden Jahre brauchen, um das aufzuholen.

Interviewer: Das Aufholprogramm der Bundesregierung sollte dem entgegenwirken. Doch das läuft zum Jahresende aus, ersatzlos, wie es aussieht.

Brandmann: Corona hat die Bildungsungerechtigkeit dramatisch verschärft. Das können wir nicht hinnehmen. Es braucht entsprechende Mittel. Wie das Programm heißt, ist egal.

1 Wir müssen darüber sprechen, wie wir digitalen Unterricht für Kinder sicherstellen können, die erkrankt sind und zu Hause bleiben müssen.

2 Sie ist das letzte Mittel, wenn die Coronalage so ernst ist, dass man die Schule andernfalls schließen müsste.

3 In kalten Klassenräumen kann niemand gut lernen.

4 Welche Gefahr wiegt schwerer: Corona oder die Energiekrise?

5 Das möchte ich nicht noch einmal erleben.

コラム　ein と aus、ab と an

　電気製品のスイッチの部分に、日本では ON/OFF という英語表記や、「入／切」という表記が使われています。ドイツ語の、EIN と AUS がこれに対応します。この ein は不定冠詞ではなく、「…の中へ」という意味の前綴りで、その反意語の aus は「…から外へ」という動きを表しています。「(スイッチ)を切り替える」という動詞 schalten に付けることで einschalten（スイッチを入れる）と ausschalten（スイッチを切る）ができます。箱の中へ何かを入れたり、箱の中から何かを出したりするイメージです。この他に AN と AB もスイッチのオン・オフに関して使われることがあります。こちらは anschalten と abschalten に対応し、an は「接触」、ab は「非接触（＝離れている状態)」を表しています。

● 第 4 章

聞き取り

① 2級の聞き取り試験の構成

- 2級の聞き取り問題は、第1部と第2部に分かれています。
- 第1部では、質問とその答えで構成された2人の会話を2回聞き、問題用紙にあらかじめ印刷された3つの選択肢から、<u>聞いた内容と合ったもの</u>を選びます。

[例（2017年夏）過去問]
〈読み上げられた会話〉

(A) A: Guten Morgen, Herr Strauss. Sie sehen aber gar nicht gut aus!

B: Hallo, Frau Schubert. Ich habe meinen Geldbeutel verloren.

A: Das ist ja schrecklich! Waren Sie schon bei der Polizei?

B: Nein, nur beim Fundbüro. Aber ohne Erfolg.

A: War denn viel drin?

B: Nicht der Rede wert, aber die Fotos meiner Frau und der Kinder ...

A: Ich möchte eine Fahrkarte nach Berlin, hin und zurück.

〈問題用紙に印刷されていた選択肢〉

(A) **1** Frau Schubert arbeitet bei der Polizei.

2 Herr Strauss findet seinen Geldbeutel nicht mehr.

3 Herr Strauss trifft Frau Schubert auf dem Fundbüro.

- 第2部では、やや長めの文章が読み上げられます。
- 第1部とは異なり、<u>文章の内容に関する質問が問題用紙にはすでに書かれています</u>。その質問に合った選択肢3つを聞き取り、聞いた文章の内容と合った選択肢を選びます。

[例（2021年夏）過去問]
〈問題用紙に印刷されていた疑問文と選択肢の欄〉（この選択肢の欄は空白ですから、ここにメモをとることができます。）

(A) Für wen hält Andreas diese Rede?

1

2

3

● 文章が 1 回、質問が 1 回、3 つの選択肢が 2 回読み上げられますが、5 つの質問とそれに対する 3 つの選択肢が読み上げられた後で、もう一度最初から繰り返されます。

② 聞き取りのポイント

1. **ドイツ語の音に慣れる**

ドイツ語のオーディオ・ビデオ教材、テレビやラジオのドイツ語番組、インターネットでのさまざまなリソースを利用して、普段からドイツ語の音に慣れておくことが一番です。聞き取りができるようになるためには、自分で発音できることが前提になります。まず、日本語にないドイツ語の音をきちんと発音できるようにしておきましょう。

(1) L と R の違い: Rahmen [ʀáːmən] (枠) vs. lahmen [láːmən] (麻痺している)

L と R の区別は日本語にありません。日本語の「ラ行」の音は、どちらかというと L に近い音だと言われています。意識して区別して発音しましょう。

(2) B と W/V の違い: Bein [baɪn] (足) vs. Wein [vaɪn] (ワイン), wir [viːɐ] (私たちは) vs. Bier [bíːɐ] (ビール)

[v] の音は日本語にありませんが、[b] の音は日本語にあります。そうすると、つい [v] の音を [b] の音と聞き間違えてしまうことがあります。

(3) F と H の違い: feilen [fáɪlən] (やすりをかける) vs. heilen [háɪlən] (病気が治る)

[f] の音は日本語にありませんが、[h] の音は日本語にあります。その結果、[f] の音が聞こえなかったり、[f] の音を含む単語を発音する時に、理解してもらえなかったりします。意識して [f] の音を出すように心がけましょう。

(4) 聞き取りの時にとくに間違いやすいもの: auch [aʊx] (〜もまた) vs. auf [aʊf] (〜の上に・へ)

文字で見た時には、間違えないのですが音で聞くと意外によく間違えます。[f] の音も [x] の音も日本語にないことが、聞き取りをさらに難しくしていると考えられます。

2. **ドイツ語のリズムとイントネーションに慣れる**

個々の単語の発音もさることながら、ドイツ語らしいリズムやイントネーションに慣れることも重要です。録音されたネイティブの発音を聞いたすぐ後に、リズムとイントネーションに気をつけてまねて発音してみま

しょう。最終的には、同じスピードで言えるようにすると、聞き取りも容易になります。

3. **前後の文脈から予想して聞く**

Wir trinken gern Wein.（私たちはワインを飲むのが好きです）という文は、意味のある文ですが、Wein（ワイン）を Bein（足）に換えたら、意味をなしません。動詞で trinken を使っているのが分かれば、Bein でないことは分かります。このように前後の文脈から、使われていた単語の予想ができます。

4. **疑問詞や接続詞に注意する**

疑問文で、疑問詞が使われている場合には、その疑問詞が理解できないと先に進めません。また、接続詞は文同士を意味的につなぐ重要な役割をしていますので、聞き逃せません。

5. **文の肯定と否定に注意する**

肯定文なのか、否定文なのかは非常に重要です。否定文には否定を表す言葉が使われますが、nicht, nie だけでなく、kaum, selten（ほとんど～ない）にも注意しましょう。また、nicht A, sondern B（A ではなく、B だ）や、nicht nur A, sondern auch B（A だけでなく、B も…だ）の区別も重要です。

6. **語彙力をつけておく**

話を聞いた時に、その内容が容易に理解できるかどうかは、自分の持っている語彙とも関係します。まったく知らない話の場合は、たとえ音声的に聞き取れても、内容理解は難しくなります。トピック別に、自分の語彙を増やしておきましょう。

③ 試験問題を解く時

1. **有効なメモを取る**

あせらずに、聞き取った言葉を、自分なりにメモをしましょう。第2部の長文に関しては、キーワード（数字、地名、人名、関係など）と思えるものをさっと書きつけておきましょう。

2. **分からなくても気にしない**

よく聞き取れない箇所が出てくるのは、聞き取りではごく普通のことです。気にせずに、時間があったら前後関係から内容を想像しましょう。

3. **問題用紙の選択肢や設問にざっと目を通しておく**

問題本文が読み上げられる前に、時間があったら、選択肢や設問にざっと目を通しておきましょう。選択肢には正しくないものも含まれていま

すので、すべてを理解する必要はありません。だいたい、このような話題なのかな、という目安をつけておく程度です。

④ 過去問の傾向
　2008 年から始まった現在の 2 級の試験は、いずれも第 1 部と第 2 部に分かれています。第 1 部でこれまでに話題となっていたものは、休暇に関する会話、アポイントメントを取って会いに行く話、電話の会話、切符を購入する時の会話、仕事の同僚との会話、学生同士の会話、パーティーに関する会話、道を尋ねる会話などです。第 2 部では、2016 年以降「ドイツ語のスピーチ」が多く出題されているのがわかります。次に多いのはメッセージの伝達です。状況や話題は少しずつ違います。テキスト朗読のこともありました。以下に話題が分かるように 2022 年までのテーマと話し手を列挙しておきます。参考にしてください。

2014 年秋	スピーチ: ブランデンブルク州の市民
2015 年春	スピーチ: オーバーバッハ村の村長
2015 年秋	スピーチ: 外国語の能力に秀でた人
2016 年夏	スピーチ: 12 歳のルーカスが語る不思議な出来事の体験談
2016 年冬	スピーチ: ギムナジウムの卒業式に招かれた来賓
2017 年夏	留守録メッセージ: 知り合いのザビーネへ残したメッセージ
2017 年冬	留守録メッセージ: ある不動産業者が客へ残したメッセージ
2018 年夏	プレゼンテーション: ある大学生が料理と健康食について語る。
2018 年冬	テキスト朗読: アインシュタインの生まれてから大学入学までの話
2019 年夏	テキスト朗読: ドイツの民族的な想像上の動物についての話
2019 年冬	スピーチ: 友人の結婚パーティーでのお祝いのスピーチ
2020 年冬	メッセージ: あるホテルが宿泊客に向けて流しているメッセージ
2021 年夏	スピーチ: 卒業生がギムナジウムの生徒たちに向けて語る体験談
2021 年冬	メッセージ: 語学学校ウェブサイトの読者に向けての学校紹介
2022 年夏	スピーチ: ライプツィヒ動物園の係員が「動物園学校」を訪れた子どもたちに対して
2022 年冬	テキスト朗読: ヨーロッパ人としての意識

❷ 聞き取り問題 (第1部)

(**A**)　**1** Frau Schubert arbeitet bei der Polizei.
　　　　2 Herr Strauss findet seinen Geldbeutel nicht mehr.
　　　　3 Herr Strauss trifft Frau Schubert auf dem Fundbüro.

(**B**)　**1** Sabrina will zur Vorlesung gehen.
　　　　2 Sabrina muss nicht zu einem Seminar gehen.
　　　　3 Sabrina will an ihrem Referat arbeiten.

(**C**)　**1** Die Frau findet ihren Führerschein nicht.
　　　　2 Die Frau steigt gerade in ihr Auto.
　　　　3 Die Frau sucht ihren Personalausweis.

(**D**)　**1** Der Student und die Studentin gehen im Rhein schwimmen.
　　　　2 Der Student und die Studentin mieten sich eine Wohnung in Italien.
　　　　3 Der Student und die Studentin stimmen darüber ab, was sie in den Ferien machen.

(2017 年夏)

　聞き取り問題の1つ目の形式は、2人の登場人物の間で行われる短い会話を聞いて、その内容に合ったものを3つの選択肢から1つ選ぶ、というものです。聞き取り試験開始前に流れる日本語の注意事項に注意してください。ここで取

りあげた過去問（2017年夏）では、問題文を2回聞くことができます。問題は（A）から（D）まで、それぞれ短い会話で構成され、それぞれの会話の間には、15秒の空きがあります。

　選択肢は初めから配布されている問題用紙に印刷されていますので、あらかじめ目を通しておくことができます。メモは自由に取れますので、会話を聞きながら自分で聞き取れたものを書きとめておくとよいでしょう。

　ここでは、音声データをダウンロードして、あらかじめ問題を解いたことを前提に解説します。以下のヒントを読んで、自分で選択肢を選ぶ時に考えたことと合っているかどうかをチェックしてから、**解答解説**を読んでください。まず、選択肢からヒントをつかんでおきます。誰が、どこで、何をしたか、という情報で覚えておくのが効率的でしょう。

（A）　選択肢は、**1**「シューベルトさんは警察で働いている」、**2**「シュトラウスさんは自分の財布が見つからない」、**3**「シュトラウスさんはシューベルトさんと遺失物保管所で出会う」となっています。シューベルトさんがシュトラウスさんに話しかけるところから始まりますが、Sie sehen aber gar nicht gut aus.（あなたはぜんぜん顔色が良くない）と言っています。原因はシュトラウスさんの答えの中にあります。

（B）　選択肢は、**1**「ザブリーナは、講義に行くつもりだ」、**2**「ザブリーナはゼミに行く必要はない」、**3**「ザブリーナは自分のレポートに取り組むつもりだ」です。この会話は Kommst du heute zur Vorlesung vom Reichmann, Sabrina?（今日はライヒマンの講義に来ますか、ザブリーナ？）で始まります。ということは、この次の文はザブリーナが発話しています。答えは、Nein で始まります。すると、Wieso? Ist was passiert?（どうして？　何かあったの？）と尋ねられていました。その次がポイントです。

（C）　選択肢は、**1**「その女性は自分の運転免許証が見つからない」、**2**「その女性はちょうど自分の車に乗り込むところだ」、**3**「その女性は自分の身分証明書を探している」です。この会話は Ihren Führerschein, bitte!（あなたの運転免許証をお願いします）で始まります。4格ですが、もちろん、Zeigen Sie mir Ihren Führerschein, bitte!（あなたの運転免許証を見せてください）ということで、おそらく警察官から運転免許証の提示を求められたのでしょう。これに対して Einen Moment! Ich glaube, ich habe ihn in die Tasche gelegt.（ちょっと待ってください。バッグの中に入れたと思います）と言っていますが、最後には、Na, dann steigen Sie mal bitte aus!（だったら、ちょっと降りてください）と言われてしまいます。

（D） 選択肢は、**1**「その男女の大学生はライン川へ泳ぎに行く」、**2**「その男女の大学生はイタリアで部屋を借りる」、**3**「その男女の大学生は、休暇中に何をするかを採決して決める」となっています。会話の出だしは Noch zwei Wochen bis zu den Ferien.（休暇まであと 2 週間です）で、それを受けて Stimmt! Wo wollen wir dieses Jahr denn hin?（その通り。今年はどこへ行きましょうか?）となっています。聞いていると、campen, am Rhein, Wohnwagen mieten, durch Italien fahren のような話が出ますが、最後に Lass uns einfach darüber abstimmen!（とにかく採決してみましょう）と言っています。

解答解説 　　　　　　　　　　　　　　　　　　Erläuterungen

読み上げられた文章は、162 ページにあります。

（A） いきなり Sie sehen aber gar nicht gut aus.（あなたは調子が良さそうには見えない）と Frau Schubert が言った背景は、Ich habe meinen Geldbeutel verloren.（私は財布を失くしてしまったんです）という発言ですぐに分かります。選択肢 **2**「シュトラウスさんは自分の財布が見つからない」が正解です。Polizei は、警察に行ったか、と尋ねた文に出てきます。Herr Strauss はすでに Fundbüro（遺失物保管所）に行ったのですが、ohne Erfolg（成功しなかった＝見つからなかった）ようです。単語だけを聞いて拾ってしまうと、Polizei も Fundbüro もありますが、meinen Geldbeutel verloren「自分の財布をなくした」という部分を聞き取れれば正解にたどりつきます。

（B） この会話には Vorlesung（講義）、Seminar（ゼミ）、Referat（レポート）が使われています。最初に、「今日はライヒマンの講義に来ますか、ザブリーナ?」と尋ねたのに対して Nein, ich muss gleich nach dem Seminar nach Hause.（いいえ、私はゼミの後にすぐに家に帰らねばなりません）と答えています。「どうしたの?　何があったの?」と尋ねられたのに対して Ich will das Referat für morgen noch fertig schreiben.（私は、明日のレポートをこれから書き上げたいんです）と言っていますので、選択肢 **3**「ザブリーナは自分のレポートに取り組むつもりだ」が正解です。

（C） 「あなたの運転免許証をお願いします」で始まるこの会話は、「だったら、ちょっと降りてください」で終わっているところから想像できるように、Führerschein（運転免許証）が見つからなかったという選択肢 **1** が内容に合っています。尋ねられた人が、直接的に運転免許証が見つからないと言っていないところがやや難しかったかもしれませんが、警察官に免許

122

証の提示を求められて探す、そして車を降りるように促されるというところから想像できたと思います。

（**D**）　「休暇まであと 2 週間です」「その通り。今年はどこへ行きましょうか？」と話が進むので休暇中に行くところが話題です。「泳ぎに行く」（schwimmen gehen）という話も「イタリアで部屋を借りる」（eine Wohnung in Italien mieten）という話もありませんでした。残るのは選択肢 **3** です。über et⁴ abstimmen というのは、etwas durch Abgabe ihrer Stimme beschließen（票を投じることで何かを決める）という意味です。ここでは 2 人の会話ですが、複数の（休暇の過ごし方の）候補から 1 つを選ぶために賛否の意見を言い合ったことが読み取れます。

学習のポイント　　　　　　　　　　　　　　　　　　　　**Kernpunkte**

　第 1 部の聞き取りは、2 人の会話で、片方の人が質問し、もう一人の人が答えるという形式になっています。聞き取りに関する一般的な注意のところで説明したように、ドイツ語の音声にふだんから慣れておくことはもちろん必要です。それに加えて、このパターンの問題では、まず、質問や要望を聞き取り、理解することが必要です。答え方や話題の進行にも注意しましょう。

★会話の最初の文を理解する

　会話の最初の文はとても重要です。直接的な質問のこともあれば、ある種の要望や状況を示していることもあります。ここでの過去問では、（**A**）の場合、挨拶から入って、相手のその時の見かけ（典型的には顔の表情）に対するコメントが表現されています（「あなたは調子が良さそうには見えない」）。これがきっかけで話が始まります。（**B**）の最初の文は疑問文で「今日はライヒマンの講義に来ますか、ザブリーナ？」です。大学生同士の会話のようです。すぐ後には、「いいえ、私はゼミの後にすぐに家に帰らねばなりません」と続きます。（**C**）は、「あなたの運転免許証をお願いします」となっていて、これは典型的に車を運転していた時に、警察官に停められて運転免許証の提示を求められた状況です。（**D**）は、「休暇まであと 2 週間です」から始まって、休暇の過ごし方が話題になります。

★話題をつかもう

　最初の文からすでに話題がかなり限定されてきます。すぐにわからなくても、2 番目の応対する文がどのようになっているかで、話題の進行が見えてきます。

（A）では、2番目の文で挨拶を返した後で「私は財布をなくしたんです」と言っています。これが会話の話題になります。（B）では、広い意味での大学の授業が最初の話題です。一人が講義（大人数の学生に対して行われる大教室での授業）に出ない、と言い、ゼミ（ナール）（特定のテーマを掘り下げて、少人数で発表やディスカッションを中心に行うもの）の後にすぐに家に帰る、と言っています。その理由は「レポート」（Referat）をかき上げるためとなっていて、これがもう一つの話題です。（C）は、運転免許証が話題ですが、はっきり述べられていないにもかかわらず、ここでは運転免許証を探していますから、どうやら見つからずに苦労しているようです。（D）では、休暇にどこへ行くか、というのが話題で、さまざまなオプションがでてきます。

★誰と誰が話をしているか

　ついつい忘れてしまうのが、話し手の存在です。（A）では、シューベルトさん（Frau Schubert）とシュトラウスさん（Herr Strauss）が話をしていますが、Sie で話しているところから、それほど親密な間柄ではないようです。（B）では、Sabrina という大学生（女性）ともう一人の大学生が話をしていますが、du で話をしています。大学生同士は、普通に会って話をする時から、du で話すという慣習がありますので、それほど親しくなくても du で話している可能性があります。（C）では、警察官と一般のドライバーの会話です。もちろん見ず知らずの間柄なので Sie で話をしています。（D）では、休暇で一緒に旅行にいく話をしていますので、当然仲の良い関係なのだと思われます。最後の Lass uns ... の形から、du で話していることがわかります。

★特定の話題を語る場面に慣れておこう

　会話の練習をする時は、どのような場面で会話をするのかを意識して、関連したさまざまな表現を学ぶのが普通です。過去の聞き取り問題の第1部を見てみると、さまざまな場面が想定されています。2016年からの出題されたトピックを見ると、休暇の過ごし方、お店での買い物、レストランでの会話、切符の購入場面、大学生の会話、パーティーに関する会話、医者の予約などがあります。それほど専門的な語彙は出ていませんが、Goethe-Institut の B1 の単語リストに載っていないものとしては、Schließfach（コインロッカー）、Wohnwagen（キャンピングカー）、造語の Wanderschuh（ハイキングシューズ）、Musikfestival（音楽フェスティバル）がありました。

[例　題]　　　　　　　　　　　　　　　　　　　　（解答は 188 頁）

1. 第 1 部は問題（**A**）から（**D**）まであります。　　　　**DL 10**

2. 問題ごとに短い会話を 2 回聞いてください。会話の内容に合うものを選択肢 **1**〜**3** の中から一つ選び、その番号を<u>解答用紙の所定の欄</u>に記入してください。

3. 15 秒の間をおいてから、次の問題に移ります。

4. メモは自由にとってかまいません。

5. 第 1 部終了後、第 2 部が始まるまで、30 秒の空き時間があります。

問題（**A**）〜（**D**）に対する解答の選択肢

(**A**)　**1** Es freute Monika sehr, dass sie viele Bilder von Picasso sehen konnte.

　　　2 In der Ausstellung faszinierten Monika besonders Bilder von Paul Klee.

　　　3 Für Monika sind Bilder von Paul Klee zu rätselhaft.

(**B**)　**1** Der Kunde möchte eine Jeans, die am Knie viele Löcher hat.

　　　2 Der Kunde trägt eine kleine Jeans.

　　　3 Der Kunde will sich zerrissene Jeans kaufen.

(**C**)　**1** Dem Kunden hat das Schnitzel Pariser Art nicht gefallen.

　　　2 Der Kunde hat keine Ahnung, warum das Schnitzel Pariser Art genannt ist.

　　　3 Der Kunde interessiert sich jetzt mehr für das Schnitzel Italienische Art.

(**D**)　**1** Es gibt heute keine Fußballsendung im Fernsehen.

　　　2 Letzte Woche fand das Spiel Dortmund gegen Bayern statt.

　　　3 Die Fußballsaison endet in dieser Woche.

（聞き取りテクストは 163 頁）

❸ 聞き取り問題（第2部）

[過去問]
第2部　Zweiter Teil

1. 第2部は質問（**A**）から（**E**）まであります。　　　**DL 11**
2. 最初にドイツ語のスピーチを聞いてください。
3. その後，質問（**A**）を1回，それに対する解答の選択肢**1〜3**を
   それぞれ2回読み上げます。最も適切なものを選び，その番号を
   解答用紙の所定の欄に記入してください。
4. 以下同じように，質問（**B**）から（**E**）まで進みます。
5. その後，全文とそれに対する質問および解答の選択肢を1回ずつ
   読み上げます。
6. メモは自由にとってかまいません。
7. 試験終了の合図と同時に解答をやめてください。
8. 試験監督者が解答用紙を集め終わるまで席を離れないでください。

（**A**）　Für wen hält Andreas diese Rede?
　　　　1
　　　　2
　　　　3

（**B**）　Warum hat Andreas seinen Traum, Pilot zu werden, aufgegeben?
　　　　1
　　　　2
　　　　3

（**C**）　Was hat die Lehrerin im Gymnasium Andreas empfohlen?
　　　　1
　　　　2
　　　　3

（**D**）　Womit hat sich Andreas in Philadelphia beschäftigt?
　　　　1
　　　　2
　　　　3

(E) Was will Andreas in Zukunft machen?
1
2
3

(2021 年夏)

　聞き取り試験第 2 部の形式は、読み上げられたテキストの内容を理解し、ド
イツ語の質問に答える、という問題です。問題用紙にはあらかじめドイツ語の
質問が印刷されていますが、選択肢のところには番号だけしか印刷されていま
せん。質問も選択肢も読み上げられますので、実際に聞きながら、選択肢の空
欄にメモをとっておきましょう。

　ここでは、音声データをダウンロードしてから、実際にみなさんがあらかじ
め問題を解いたことを前提に解説します。以下のヒントを読んで、自分で選択
肢を選ぶ時に考えたことと合っているかどうかをチェックしてから、**解答解説**
を読んでください。

　まず、ドイツ語での質問の意味を考えておきます。

（A）「アンドレアスは、誰のためにこのスピーチをしているのですか?」とい
う疑問文です。スピーチですので、聴衆は誰なのかを尋ねています。最初の一
文に注意して聞いていれば分かります。

（B）「なぜアンドレアスはパイロットになるという自分の夢をあきらめたので
すか?」という疑問文です。理由を尋ねていますので、その部分に注意して聞
き取る必要があります。

（C）「ギムナジウムの先生はアンドレアスに何を薦めたのですか?」という疑
問文です。パイロットになることをあきらめた後、アンドレアスの先生はある
ことを薦めたのですが、それは何か、という質問です。

（D）「フィラデルフィアでアンドレアスは何をしていましたか?」という疑問
文です。アメリカのフィラデルフィアに行って、アンドレアスは何かをしてい
たのですが、それは何かという質問です。sich mit et³/jm beschäftigen を使っ
ていますが、疑問文は Womit で始まっていますから、mit の後ろには「人」は
入りません。

（E）「アンドレアスは将来、何をしたいですか?」という疑問文です。スピーチ

の最後の方で、将来の希望を語っていました。

読み上げられた文章は、164 頁にありますが、ここでは解答に結びつく部分と選択肢を説明します。

(**A**) 読み上げられた最初の文に、聞き手に対する呼びかけがあります。Hallo, liebe Schülerinnen und Schüler vom Leopold-Mayer-Gymnasium!(こんにちは、レオポルト・マイヤー・ギムナジウムの生徒のみなさん)の部分です。選択肢 **3** の Für Schülerinnen und Schüler が正解です。ドイツ語では基本的に、Studentin / Student は、大学生を指しますので、Schülerin / Schüler と区別して使います。

(**B**) 第二パラグラフが Als Kind wollte ich eigentlich Pilot werden, から始まりますので、子供の時にパイロットになりたかった話がここから始まるのが聞いていて分かると思います。パイロットになる夢をあきらめた原因は、第一に Aber ich hatte als Kind eine schwache Gesundheit und habe viel Zeit in Krankenhäusern verbracht.(私は子供の頃、身体が弱く、病院で多くの時間を過ごした)こと、第二に Außerdem waren meine Augen leider nicht gut genug, um Pilot zu werden.(それに加えて、私の目は、パイロットになるには十分に良くなかった)と言っています。これに関係する選択肢は **2** Weil seine Sehkraft nicht gut genug war.(なぜなら、彼の視力は十分に良くなかったからだった)です。

(**C**) 彼の教師が薦めてくれたのは何か、というと、同じように第二パラグラフの真ん中あたりに Da ich aber im Gymnasium sehr gut in Englisch war, hat meine Lehrerin mir empfohlen, mich für das Schüleraustauschprogramm mit der Partnerschule in Philadelphia, in den USA, zu bewerben.(私は英語の成績がとてもよかったので、私の先生は、アメリカのフィラデルフィアのパートナー校との間にある学生交換プログラムに応募することを薦めてくれた)と書かれています。これに近いものは選択肢 **3** Sie hat ihm empfohlen, sich um ein Austauschprogramm zu bewerben.(彼女は、彼に交換プログラムに応募するように薦めた)です。

(**D**) 彼は留学先のフィラデルフィアで何をしていたか、という部分ですが、第三パラグラフが Mein Leben in Philadelphia(フィラデルフィアでの私の生活)で始まる部分に最初の生活ぶりが話されていて、第四パラグラフの冒頭に次のように言われています。In der Schule in Philadelphia habe ich mich neben dem Unterricht auch mit der Schulzeitung beschäftigt.（フィラデルフィアの学校で、私は授業の他に学校新聞の仕事をしていました）。選択肢 **2** Er hat sich mit der Schulzeitung beschäftigt.（彼は、学校新聞にたずさわっていた）というのがぴったりです。Schulzeitung が分かれば、簡単だったと思います。

（**E**）では、アンドレアスの将来に関する希望が尋ねられていました。目下ハンブルクの大学で、ジャーナリズム論を専攻しているアンドレアスは、最後に In Zukunft möchte ich mit dem Flugzeug um die Welt reisen, nicht als Pilot, sondern als Journalist.（将来は、パイロットではなく、ジャーナリストとして飛行機に乗って世界中を旅したい）と言っています。選択肢 **3** Er will in den Nachrichtenmedien arbeiten.（彼は、ニュースメディアで働きたいと思っている）というのが一番内容に合っています。ここでは、Journalist（ジャーナリスト）という言葉を使っていないために引っかかって選択肢 **2** を選んだ人もいたでしょう。選択肢 **2** は、Er will in Hamburg Journalistik studieren.（彼はハンブルクでジャーナリズム論を専攻したい）というものです。アンドレアスはすでにハンブルクの大学でジャーナリズム論を専攻していますので、これは間違いです。

> 解答　（**A**）3　（**B**）2　（**C**）3　（**D**）2　（**E**）3

学習のポイント🔑　　　　　　　　　　　　　**Kernpunkte**

★ 一番最初の文に注意

　ここでの過去問は、呼びかけではじまりました。スピーチは最初に呼びかけで始まりますので、そこを理解すれば誰に対するスピーチなのかが分かります。**一般的に一番最初の文は、内容理解のためにとても重要です。**最初は、なんとなくたわいもない話から始めるという一部の日本的な（?）慣習とは大違いです。どんな文章でも、最初の一文は極めて重要だと思ってください。

★あらかじめ問題用紙に記されている疑問文の内容をおさえておく

　聞き取りのテキストが放送される前に、5つの**質問文**をざっと見て内容をおさえておきましょう。どのような点に注意して聞き取るべきかがわかります。ただし、それほど厳密に理解する必要はありません。短い疑問文は、場合によっては、文脈次第で意味を変えてしまうこともあるからです。

★メッセージ全体の話題をつかもう

　読み上げられたテキストが、何を話題にしていたのか（誰が誰に対して何を

語っているのか）をまずおさえておきましょう。「木を見て森を見ず」ということわざがありますが、全体像をつかむ（＝森を見る）ことで、森を構成する木々もよく見えてきます。ここで紹介した過去問では、ある大学生が自分の卒業したギムナジウムの高校生に向かって、自分のこれまでの高校生活、今後の夢について語っています。この大枠（＝森）が分かると全体がつながって理解できます。

[例　題]　　　　　　　　　　　　　　　　　　（解答は 189 頁）

1. 第 2 部は質問（**A**）から（**E**）まであります。　　　**DL 12**

2. 最初にドイツ語のテキストを聞いてください。

3. その後、質問（**A**）を 1 回、それに対する解答の選択肢 **1～3** を 2 回読み上げます。最もふさわしいものを一つ選び、その番号を解答用紙の所定の欄に記入してください。

4. 以下同じように、質問（**B**）から（**E**）まで進みます。

5. もう一度、ドイツ語のテキストとそれに対する質問および解答の選択肢を読み上げます。

6. メモは自由にとってかまいません。

7. 試験終了の合図と同時に解答をやめてください。

8. 試験監督者が解答用紙を集め終わるまで席を離れないでください。

質問（**A**）～（**E**）とそれに対する解答の選択肢

（**A**）　Wie lange dauert das Programm *Journalistisch arbeiten*?

　　　1
　　　2
　　　3

（**B**）　Wie viele Unterrichtsstunden haben die Teilnehmerinnen und Teil-
　　　nehmer vormittags?

　　　1
　　　2
　　　3

（**C**）　Wie lange sollte ein Referat maximal sein?

　　　1
　　　2
　　　3

（**D**）　Was sollten die Teilnehmerinnen und Teilnehmer nachmittags tun?

　　　1
　　　2
　　　3

（**E**）　Wann kann man Computer benutzen?

  1

  2

  3

（聞き取りテクストは 166 頁）

┌─ コラム　綴りの伝え方 ─────────────────────

Duden から出版されている小冊子 *Unnützes Sprachwissen* (2013) には、Wie buchstabiert man vorschriftsmäßig?（どのように指示通り綴りを伝えるか?）という表があります。例えば、A という文字を口頭で伝えたいとき、ドイツでは A wie Anton と言います。これで、Anton という男の名前を知っていれば、その先頭の文字としての A を間違いなく書けます。昔は、電報で文字を間違いなく伝えるのに使われました。文字と発音が高い精度で対応しているドイツ語でも、マイヤーのような名前はいろいろな書き方があります（Meyer, Meier, Mayer, Maier など）ので、そんな時にも音声でスペリングを正確に伝えるのに使われます。ご参考までに以下に挙げておきます。

A — Anton, Ä — Ärger, B — Berta, C — Cäsar, D — Dora, E — Emil, F — Friedrich, G — Gustav, H — Heinrich, I — Ida, J — Julius, K — Kaufmann, L — Ludwig, M — Martha, N — Nordpol, O — Otto, Ö — Ökonom, P — Paula, Q — Quelle, R — Richard, S — Samuel, T — Theodor, U — Ulrich, Ü — Übermut, V — Viktor, W — Wilhelm, X — Xanthippe, Y — Ypsilon, Z — Zacharias

なお、オーストリアでは、K — Konrad, Ö — Österreich, S — Siegfried, Ü — Übel, X — Xaver, Z — Zürich となり、6 文字分がドイツと異なります。Österreich とか Zürich というのは納得できますね。

───────────────────────────────

付録

覚えておきたい
動詞＋前置詞 155

覚えておきたい動詞＋前置詞 155

- 人の 3 格は jm、人の 4 格は jn、事物の 3 格は et³、事物の 4 格は et⁴ と表示しています。sich と記しているものは、再帰代名詞 4 格です。
- ここで紹介する 155 の「動詞＋前置詞」は、できるかぎり典型的な組み合わせを選んでいます。単独の動詞をより細かく見れば、もっといろいろな前置詞を伴う用法があります。
- 同じような意味になるバリエーションは、敢えて省いています。
- 訳語も最低限のものしか付けていません。実際の例文によって、よりよい和訳が考えられます。
- 同じところに複数の前置詞で表現できる場合は、「/」を使って表示していますが、場合によっては微妙な意味の違いがある場合があります。

コラム　絵文字＝エモーティコン（Emoticon）

　電子メール（E-Mail）の普及により、手紙を書かない人が増えてしまいました。手書き文字からは、書いた人の個性がにじみ出ていて、さらには、書き手の人が何を感じていたのか、雰囲気を読み取ることができました。電子メールでは、同じ文字列なので、そのような情報がありません。おそらく、そんな時に絵文字というのはある程度有効に使える補助手段だと思われます。ドイツ語では das Emoticon -s/-s、英語の emoticon からの借用語です。その表すものは、単純な感情だけでもないのですが、『アクセス独和辞典』にあるように、「左を上、右を下にして見る」ものです。*Unnützes Sprachwissen*（2013）からいくつかをピックアップしてみます（フォントによって見え方がことなるので、タイプライターの文字に近いフォントにするのがおすすめです）。

:-)	Lächeln	:-,	Grinsen
:-)))	Gelächter	:-D	Lachen
;-)	augenzwinkernd	;-/	skeptisch
:-e	enttäuscht	:-(	traurig, unglücklich
:-<	sehr traurig	:-x	Küsschen
(;-$	krank	:-|	ernst
:*)	albern	|-)	einschläfernd
:-0	Gähn!		

	動詞	動詞＋前置詞	意味	DL 13

1 **ab|hängen** von et³/jm abhängen　　　　〜に依存する
Das hängt von seiner finanziellen Lage ab.
それは彼の経済状態しだいです。

2 **ab|heben** et⁴ von et³ abheben　　　　（お金）を〜から引き出す
Ich habe 500 Euro von meinem Konto abgehoben.
私は、自分の口座から 500 ユーロを引き出した。

3 **ab|holen** jn von et³ abholen　　　　〜を…に迎えに来る
Meine Frau hat mich vom Bahnhof abgeholt.
私の妻が私を駅に迎えに来てくれた。

4 **ab|leiten** sich von/aus et³ ableiten　　　　〜に由来する、導き出される
Das Wort leitet sich aus dem Griechischen ab.
その単語はギリシャ語に由来する。

5 **ab|schreiben** et⁴ von et³ abschreiben
　　　　　　　　　　　〜を…から見て書き写す（カンニングする）
Er hat die Hausaufgabe von mir abgeschrieben.
彼は、その宿題を私のを見て書き写した。

6 **ab|stimmen** über et⁴ abstimmen　　　　〜について採決をとる
Der Bundestag soll am Donnerstag über den Gesetz-
entwurf abstimmen.
連邦議会は木曜日にその法案に関して採決をとることになっ
ている。

7 **achten** auf jn/et⁴ achten　　　　〜に注意する、気をつける
Der Fußgänger achtete kaum auf den Verkehr.
その歩行者は車の往来にほとんど注意を払わなかった。

8 **an|fangen** mit et³ anfangen　　　　〜にとりかかる、着手する
Wollen wir langsam mit der Arbeit anfangen?
そろそろ仕事にとりかかりましょう。

9 **an|setzen** zu et³ ansetzen　　　　〜の準備にとりかかる
Das Flugzeug setzte zur Landung an.
その飛行機は着陸の準備にとりかかった。

135

	動詞	動詞＋前置詞	意味	DL 14

10 **antworten** auf et⁴ antworten　　　～に答える
Er antwortete auf die Frage nicht.
彼はその質問に答えなかった。

11 **an\|wenden** et⁴ auf jn/et⁴ anwenden　　～に…を適用する
Man kann den Paragraphen nicht auf diesen Fall
anwenden.　その条項をこのケースに適用することはできない。

12 **ärgern** sich über et⁴/jn ärgern　　～に怒っている
Der Lehrer ärgert sich über seine Schüler.
その先生は自分の生徒たちに腹を立てている。

13 **auf\|hören** mit et³ aufhören　　　～をやめる
Heinz hat endlich mit dem Rauchen aufgehört.
ハインツはようやくタバコをやめた。

14 **auf\|passen** auf et⁴/jn aufpassen　　～に注意をはらう
Passen Sie bitte auf die Kinder auf!
どうか子供たちを注意して見ていてください。

15 **auf\|regen** sich über et⁴ aufregen　　～に興奮する
Reg dich doch nicht so auf!
そんなに興奮しないで！

16 **aus\|geben** (Geld) für et⁴ ausgeben　　～にお金を払う
Eva hat ihr ganzes Geld für Süßigkeiten ausgegeben.
エーファは自分の持っているお金全部を甘いお菓子につぎ込
んだ。

17 **aus\|gehen** von et³ ausgehen　　　～から出発する
Diese Buslinie geht von Tokio aus und führt dann nach
Sendai.
このバス路線は東京を出て仙台まで行きます。

18 **aus\|kennen** sich mit et³/jm auskennen
　　　　　　～に精通している、～の扱いになれている
Kennst du dich mit Computern aus?
君はコンピュータの扱いに精通していますか？

動詞	動詞＋前置詞	意味	DL 15

19 aus|ruhen

sich von et³ ausruhen　　休養して…の疲れをとる

Sie hat sich von der Arbeit ausgeruht.

彼女は休養して仕事の疲れをとった。

20 bedanken

sich（bei jm）（für et⁴）bedanken

　　　　　　　　　　　　～に…に関して感謝する

Hast du dich bei deinem Onkel schon für das Geschenk bedankt?

もうおじさんに贈り物のお礼を言った？

21 befassen

sich mit et³ befassen　　～に取り組んでいる

Seit langem befasst er sich mit dem Problem der Wasserverschmutzung.

彼はもう長い間、水質汚染の問題に取り組んでいる。

22 befreien

sich von et³ befreien　　～から解放される

Die Leute sind endlich von der Diktatur befreit worden.

それらの人々はようやく独裁者から解放された。

23 begeben

sich＋方向（an/auf et⁴, /zu et³）begeben

　　　　　　　　　　　　～へ行く：～の状態になる

Der Chef hat sich auf die Weltreise begeben.

その上司は世界旅行に出かけた。

24 begeistern

sich für et⁴ begeistern　　～に熱狂する

Karl begeisterte sich für das Konzert.

カールはそのコンサートに熱狂した。

25 beginnen

mit et³ beginnen　　～で始まる

Das Konzert begann mit der Sinfonie von Beethoven.

そのコンサートはベートーベンの交響曲で始まった。

26 bei|tragen

zu et³ beitragen　　～に寄与する

Er hat im Finale nichts zum Sieg beigetragen.

彼は決勝戦で勝利にまったく貢献しなかった。

	動詞	動詞＋前置詞	意味	DL 16

27 beklagen　sich über et⁴ beklagen　〜のことで苦情を言う
Sie beklagt sich über seine Unfreundlichkeit.
彼女は彼の不親切さに苦情を言っている。

28 bemühen　sich um et⁴ bemühen　〜しようと努力する
Er bemüht sich um eine Stelle bei einer Elektrofirma.
彼はある電気関係の企業のポストを得ようと努力している。

29 beneiden　jn um et⁴ beneiden　〜の…をうらやむ
Lena beneidete ihre Freundin um das neue Kleid.
レーナは自分の友達の新しいドレスがうらましかった。

30 berichten　über et⁴/von et³ berichten　〜を報告する、伝える
Die Zeitungen berichteten von einem großen Erdbeben in Chile.
新聞はチリの大地震について伝えた。

31 beschäftigen　sich mit et³ beschäftigen　〜に従事している
Er beschäftigt sich schon lange mit der Geschichte seiner Heimatstadt.
彼はもう長い間故郷の町の歴史を調べている。

32 beschränken　et⁴ auf et⁴ beschränken　〜を…に限定する
Wir möchten heute die Redezeit auf 5 Minuten beschränken.
私たちは今日スピーチの時間を 5 分に制限したいと思います。

33 beschweren　sich bei et³ über et⁴ beschweren
　　　　　　　　　　　　〜のところで…について苦情を言う
Daniela beschwerte sich beim Nachbarn über die laute Musik.
ダニエラは隣りの人のところで大音量の音楽について苦情を言った。

34 bestehen　in et³ bestehen　〜にその本質がある
Seine Arbeit besteht in der Einsparung von Energie-kosten.　彼の仕事の重要な点はエネルギーコストの節約にある。

	動詞	動詞＋前置詞	意味	DL 17

35 bestehen aus et³ bestehen 〜からできている
Die Wohnung besteht aus vier Zimmern.
その住まいは4つの部屋からできている。

36 bestehen auf et³ bestehen 〜に固執する
Er besteht auf sofortiger Bezahlung.
彼は即座に支払うことを執拗に求めている。

37 bestellen jm.A et⁴ von jm.B bestellen Bからの...をAに伝える
Ich soll Ihnen Grüße von Frau Mayer bestellen.
マイヤーさんからあなたによろしくとのことです。

38 beteiligen sich an et³ beteiligen 〜に関与している
Sie beteiligt sich an der Interessengemeinschaft.
彼女はその利益団体に関与している。

39 betrügen jn um et⁴ betrügen 〜から...をだまし取る
Er wurde um seinen Lohn betrogen.
彼は自分の賃金をだまし取られた。

40 bewerben sich um et⁴ bewerben 〜に応募する
Ich möchte mich um einen Ferienjob bewerben.
私は休暇中のアルバイトに応募したい。

41 beziehen sich auf et⁴ beziehen 〜に関係している
Das bezieht sich auf meine vorhin gestellte Frage.
それは私がさっきした質問に関係しています。

42 bitten jn um et⁴ bitten 〜に...を頼む
Der Redner bat die Zuhörer um Ruhe.
その講演者は聴衆に静粛を求めた。

43 danken jm für et⁴ danken 〜に...に対して感謝する
Ich danke Ihnen herzlich für die Einladung.
ご招待に心から感謝します。

	動詞	動詞 + 前置詞	意味

44 denken　　an et⁴/jn denken　　　〜を思い出す

Es ist nett, dass Sie an meinen Geburtstag gedacht haben.

あなたが私の誕生日を思い出してくれてうれしい。

---

45 denken　　von jm/et³ denken, über jn/et⁴ denken

〜について考える

Es ist mir ganz egal, was die Leute von mir denken.

人々が私について考えることは、私にとってどうでもよい。

---

46 dienen　　zu et³/als et¹ dienen　　　〜に役立つ

Das Messer dient hauptsächlich zum Hacken.

そのナイフは主に切り刻むのに使います。

---

47 drehen　　sich um et⁴ drehen　　〜の周りをまわる；〜を中心に回る

Der Mond dreht sich um die Erde.

月は地球の周りをまわっている。

---

48 eignen　　sich für et⁴ eignen　　　〜に適している

Thomas eignet sich für diese Arbeit.

トーマスはこの仕事に適している。

---

49 ein|brechen　　in et⁴ einbrechen　　　〜に強盗に入る

Jemand ist in unser Haus eingebrochen.

誰かが私達の家に強盗に入った。

---

50 ein|führen　　et⁴ in et⁴ einführen　　　…を〜に持ち込む；導入する

Darf man diese Ware ins Land einführen?

この商品を国内に持ち込んでもいいですか？

---

51 einigen　　sich auf/über et⁴ einigen　　〜で合意する

Die Mitglieder einigten sich auf einen Kompromiss.

その会員の人たちは妥協をすることに合意した。

---

52 ein|laden　　jn zu et³ einladen　　　〜を…に招待する

Krista hat mich zu ihrem Geburtstag eingeladen.

クリスタは私を誕生日に招待してくれた。

	動詞	動詞 + 前置詞	意味	DL 19

53 ein|setzen　sich für et⁴/jn einsetzen　～のために尽くす
Thomas hat sich sehr für das Projekt eingesetzt.
トーマスは、そのプロジェクトのためにとても尽くしてくれた。

54 ein|stellen　sich auf et⁴ einstellen
　　　　　　　　　～に適応する、に対する心の準備をする
Da müssen sie sich auf eine lange Wartezeit einstellen.
そうすると、彼らは長い待ち時間を覚悟しなければならない。

55 ein|treten　in et⁴ eintreten　～の中に入る
Moritz trat in den Sportverein ein.
モーリッツはそのスポーツクラブに入会した。

56 ein|zahlen　et⁴ auf et⁴ einzahlen　～を (口座) に払い込む
Gestern habe ich 100 Euro auf sein Bankkonto einge-
zahlt.
昨日、私は彼の口座に 100 ユーロを振り込んだ。

57 entfernen　... aus/von et³ entfernen　～から...を取り去る
Er konnte den Fleck aus seiner Hose nicht entfernen.
彼はそのしみをズボンから取り去ることができなかった。

58 entscheiden　sich für et⁴ entscheiden　～に決める
Hast du dich schon für das Geschenk entschieden?
もう君は贈り物を決めたかい？

59 entscheiden　sich gegen et⁴ entscheiden　～に反対の決断をする
Die Bevölkerung entschied sich gegen Atomkraftwerke.
住民たちは原子力発電所に反対の決断をした。

60 entschließen　sich zu et³ entschließen　～しようと決心する
Sie haben sich zu einer Reise in die USA entschlossen.
彼らはアメリカへ旅行をしようと決心した。

動詞	動詞 + 前置詞	意味	DL 20

61 entschuldigen sich bei jm für et⁴ entschuldigen

　　　　　　　　　　　　　　　〜に…に関してわびる

Du musst dich dafür nicht entschuldigen.

君はそのことをわびる必要はない。

62 erholen sich von et³ erholen 〜から回復する

Wir haben uns endlich von der anstrengenden Reise erholt.

私たちはようやく骨の折れた旅行から元気を取り戻した。

63 erinnern sich an et⁴/jn erinnern 〜を覚えている

Erinnern Sie sich noch an mich?

あなたは私のことをまだ覚えていますか？

64 erkennen jn/et⁴ an et³ erkennen 〜で…であることを知る

Wir haben ihn an seiner typischen Geste erkannt.

私たちは典型的なジェスチャーで彼だと分かった。

65 erkranken an et³ erkranken 〜にかかる、（病気）になる

Fritz ist an Grippe erkrankt.

フリッツはインフルエンザにかかった。

66 erkundigen sich bei et³/jm nach et³ erkundigen

　　　　　　　　　　　　　　　〜で／〜に…について問い合わせる

Erkundigen Sie sich bei der Post nach den Gebühren.

郵便局でその料金は問い合わせてください。

67 erschrecken vor et³ erschrecken 〜に驚く

Da bin ich vor dem großen Hund erschrocken.

あの時、私は大きな犬に驚きました。

68 erwarten (von jm/et³) et⁴ erwarten 〜を…に期待する

Ich erwarte von ihm eine Entschuldigung.

私は彼から弁解があるものと期待している。

69 erzählen von et³/jm erzählen 〜について語る、話してくれる

Meine Tochter hat mir schon viel von Ihnen erzählt.

私の娘は、あなたについてもうたくさん話してくれています。

動詞	動詞 + 前置詞	意味	DL 21

70 fragen — jn nach et³ fragen ～に…を尋ねる
Der Passant fragte mich nach dem Weg zum Bahnhof.
その通行人は私に駅への道を尋ねた。

71 freuen — sich auf et⁴ freuen ～を楽しみにしている
Marie freut sich schon auf die Sommerferien.
マリーはもう夏休みを楽しみにしている。

72 freuen — sich über et⁴ freuen ～に喜んでいる
Luise freut sich über das Geschenk.
ルイーゼはその贈り物に喜んでいる。

73 führen — zu et³ führen ～へと通じる、(果ては) ～になる
Der neue Umbauplan führte zu Massenprotesten der Bürger.
その新しい建て替え計画は市民の大きな抵抗へとつながった。

74 fürchten — sich vor et³ fürchten ～を怖がる
Sie fürchtet sich vor dem Wasser.
彼女は水を怖がっている。

75 gehören — zu et³ gehören ～の一部である
Das gehört zum Allgemeinwissen.
それは一般的な知識に含まれる。

76 gelangen — zu et³ gelangen ～に達する；～の状態になる
Das Gerücht gelangte nicht zu mir.
その噂は私の耳に入らなかった。

77 gelten — als … gelten ～とみなされている、通っている
Diese Straße gilt als gefährlich.
この通りは危険なところだとみなされている。

78 geraten — in et⁴ geraten ～の状態に陥る
Wegen des Erdbebens geriet die Stadt in eine schwierige Lage. 地震のために、その町は厳しい状況に陥った。

	動詞	動詞 + 前置詞	意味	DL 22

79 gewöhnen　　sich an et⁴ gewöhnen　　〜に慣れる
Der Angestellte gewöhnte sich an die neue Arbeitszeit.
そのサラリーマンは新しい勤務時間に慣れた。

80 glauben　　an et⁴ glauben　　〜を信じる
Der Manager der Mannschaft glaubte an den Sieg.
そのチームのマネージャーは勝利を信じていた。

81 gratulieren　　jm zu et³ gratulieren　　〜に…に対してお祝いを言う
Ich gratuliere dir zum Geburtstag.
誕生日、おめでとう。

82 greifen　　nach et³ greifen　　〜に向かって手をのばす
Das Kind hat ängstlich nach der Hand der Mutter
gegriffen.　その子は怖がって母親の手をつかもうとした。

83 halten　　et⁴/jn für … halten　　〜を…と思う
Ich halte es für richtig.　私はそれを正しいと思う。

84 halten　　etwas/viel/nichts von et³ halten
　　　　　　　〜を少し / 多いに評価する / まったく評価しない
Ich halte nicht viel von dem neuen Chef.
私はその新しい上司のことをあまり評価しない。

85 handeln　　mit et³ handeln　　〜を扱っている
Dieser Laden handelt mit Obst und Gemüse.
このお店は、果物と野菜を扱っている。

86 helfen　　jm bei et³ helfen　　〜が…するのを手伝う
Klaus hat mir beim Kochen geholfen.
クラウスは私が料理するのを手伝ってくれた。

87 herrschen　　über et⁴ herrschen　　〜を支配する
Karl der Große herrschte über ein riesiges Land.
カール大帝は膨大な領土を支配した。

	動詞	動詞＋前置詞	意味	DL 23

88 hindern　jn/et⁴ an et³ hindern　〜が…するのを妨げる
Sie hinderte mich daran, noch mehr zu trinken.
彼女は私がもっと飲もうとするのをはばんだ。

89 hin|weisen　(jn) auf et⁴ hinweisen　（〜に）…を指摘する
Ich habe (ihn) auf den Fehler hingewiesen.
私は（彼に）その間違いを指摘した。

90 hoffen　auf et⁴ hoffen　〜を希望 / 期待している
Die Eltern hofften auf eine baldige Genesung des Kindes.
両親はその子がすぐによくなることを希望していた。

91 hören　auf jn hören　〜に耳をかす、〜を聞く
Benjamin hört nicht gern auf meinen Rat.
ベンヤミンは私の助言を聞くのが好きではない。

92 informieren　sich über jn/et⁴ informieren　〜について問い合わせる
Du musst dich vorher über die Arbeitsbedingungen informieren.
君はあらかじめ労働条件について問い合わせておかねばならない。

93 interessieren　sich für et⁴ interessieren　〜に興味がある
Ich interessiere mich für Umweltfragen.
私は環境問題に関心があります。

94 kämpfen　gegen et⁴/jn kämpfen, mit et³/jm kämpfen　〜と戦う
Die Mannschaft muss gegen einen starken Gegner kämpfen.
そのチームは強い相手と戦わねばならない。

95 klagen　über et⁴ klagen　〜に関して嘆く
Der Patient klagte beim Arzt über starke Rückenschmerzen.
その患者は医者のところで激しい背中の痛みを訴えた。

動詞	動詞＋前置詞	意味	DL 24

96 **konzentrieren** — sich auf et^4 konzentrieren　～に集中する

Bei diesem Lärm kann ich mich auf die Hausaufgaben nicht konzentrieren.

この騒音のもとでは私は宿題に集中できません。

97 **kümmern** — sich um jn kümmern　～を心配する

Gudrun kümmert sich um ihre kranke Mutter.

グードルンは自分の病気の母親の心配をしている。

98 **leiden** — an et^3 leiden　～が原因で悩む

Jeden Abend leidet er an Schlaflosigkeit.

毎晩、彼は不眠症に悩んでいる。

99 **leiden** — unter et^3 leiden　～で悩んでいる

Sie litt unter einem heftigen Heimweh.

彼女は激しいホームシックで悩んでいた。

100 **nach|denken** — über et^4 nachdenken　～をじっくり考える

Denken Sie noch einmal darüber nach!

もう一度、それについてじっくり考えてください。

101 **passen** — zu et^3 passen　～に合う

Der Rotwein passt nicht zu diesem Essen.

その赤ワインはこの食事には合わない。

102 **protestieren** — gegen jn/et^4 protestieren　～に対して抗議する

Wir protestieren gegen den Bau des Atomkraftwerks.

私たちはその原子力発電所の建設に抗議します。

103 **raten** — jm zu et^3 raten　～に…するように勧める

Ich habe ihr zu einer Kur geraten.

私は彼女に療養を勧めた。

104 **reagieren** — auf et^4 reagieren　～に反応する

Der Politiker hat auf die Frage unfreundlich reagiert.

その政治家はその質問に無愛想に反応した。

	動詞	動詞 + 前置詞	意味	DL 25

105 rechnen — mit et³ rechnen　　〜を考慮する、予想する
Mit dieser Explosion habe ich gar nicht gerechnet.
この爆発を私はまったく予想していなかった。

106 reden — von et³/über et⁴ reden　　〜について語る、〜について話す
Worüber haben sie gestern Abend geredet?
昨晩、彼らは何について話していたのですか？

107 richten — et⁴ auf et⁴ richten　　〜を...に向ける
Sie richtet ihre ganze Aufmerksamkeit auf das Smartphone.　彼女は全神経を自分のスマートフォンに向けている。

108 richten — sich nach et³ richten　　〜に従う、〜を追いかける
Der Junge richtet sich immer nach der Mode.
その少年はいつも流行を追いかけている。

109 riechen — nach et³ riechen　　〜の匂いがする
Das Taschentuch riecht nach einer Rose.
そのハンカチはバラの匂いがする。

110 schimpfen — mit jm schmpfen　　〜をしかる、叱責する
Der Arzt hat mit mir geschimpft, weil ich täglich zu viel Süsigkeiten esse.
その医者は私が毎日甘いものをたくさん食べるので、私をしかりつけた。

111 schimpfen — auf/über jn/et⁴ schmipfen　　〜を罵 (ののし) る
Alle schimpfen auf das schlechte Wetter.
みんな悪天候を罵っている。

112 schmecken — nach et³ schmecken　　〜の味がする
Der Wein schmeckt nach Fass.
そのワインは樽の味がする。

113 schützen — sich gegen et⁴ /sich vor et³ schützen　　〜から身を守る
Du musst dich vor der Kälte schützen.
君は寒さから身を守らねばならない。

	動詞	動詞 + 前置詞	意味	DL 26

114 sehnen

sich nach et³/jm sehnen　　〜にあこがれる

Der Geschäftsmann sehnt sich nach der Ruhe seiner Ferienwohnung.

そのビジネスマンは別荘での静寂にあこがれている。

---

115 sorgen

für jn/et⁴ sorgen　　　　（1）〜の面倒をみる

Im Urlaub wird die Oma für die Kinder sorgen.

休暇中、祖母が子供たちの面倒をみます。

für jn/et⁴ sorgen　　　　（2）調達する

Hast du schon für die Getränke gesorgt?

もう飲み物の手配をしましたか？

---

116 sorgen

sich um jn/et⁴ sorgen　　〜気づかう

Ich sorge mich um ihre Gesundheit.

私は彼女の健康を気づかっています。

---

117 spezialisieren

sich auf et⁴ spezialisieren　　〜を専門にしている

Richard spezialisiert sich auf Geometrie.

リヒャルトは幾何学を専門にしている。

---

118 stammen

von et³ stammen　　　　〜に由来する

Der Satz stammt von Sokrates.

その文はソクラテスに由来します。

---

119 staunen

über et⁴ staunen　　　　〜に驚く

Die Touristen staunten über die Größe der Kirche.

それらの観光客はその教会の大きさに驚いた。

---

120 stehen

für et⁴ stehen　　　　　〜を代表している

ZDF steht für „Zweites Deutsches Fernsehen".

ZDF は Zweites Deutsches Fernsehen を表しています。

---

121 sterben

an et³ sterben　　　　　〜が原因で死ぬ

Mein Onkel starb an Magenkrebs.

私の叔父は胃癌で死にました。

動詞	動詞＋前置詞	意味	DL 27

122 streiten　　um/über et⁴ streiten　　〜でけんかする
Er stritt mit seinem Bruder um das Spielzeug.
彼は自分の兄とおもちゃをめぐってけんかした。

123 teil|nehmen　　an et³ teilnehmen　　〜に参加する
Der Minister konnte nicht an der Sitzung teilnehmen.
その大臣はその会議に出席できなかった。

124 trennen　　et⁴ von/aus et³ trennen　　〜を…から分ける、はずす
Adelheid hat das Futter aus dem Mantel getrennt.
アーデルハイトはコートから裏地をはずした。

125 übersetzen　　A [et⁴]（aus C [et³]）in B [et⁴] übersetzen
A を（C から）B へ翻訳する
Er übersetzte den Roman aus dem Englischen ins Deutsche.　彼はその小説を英語からドイツ語へ翻訳した。

126 überzeugen　　jn von et³ überzeugen　　（他動詞）〜に…を納得させる
Der Anwalt hat mich von der Richtigkeit der Auffassung überzeugt.
その弁護士は、私にその見解の正しさを納得させた。
von et³ überzeugt sein　　〜を確信している
Ich bin davon überzeugt, dass er mich liebt.
私は彼が私を愛しているということを確信しています。

127 um|gehen　　mit jm/et³（＋形容詞）umgehen　　…を（〜に）扱う
Er kann sehr gut mit Kindern umgehen.
彼は子供の扱い方がうまい。

128 unterhalten　　sich mit jm unterhalten　　〜と楽しく話す
Stefan unterhielt sich stundenlang mit seiner Freundin am Telefon.
シュテファンは何時間も電話でガールフレンドと電話で話した。

149

動詞	動詞 + 前置詞	意味	DL 28

129 verabreden　sich mit jm verabreden　～と会う約束をする
Gestern habe ich mich mit Günther verabredet.
昨日私はギュンターと会う約束をした。

130 verabschieden　sich von jm verabschieden　～と別れを告げる
Wir haben uns von dem Lehrer verabschiedet.
私たちはその教師と別れを告げた。

131 verfügen　über et^4 verfügen　～を自由に使える、意のままにできる
Sie können jederzeit über meinen Computer verfügen.
いつでも私のコンピュータを自由に使ってかまいません。

132 vergleichen　et^4 mit et^3 vergleichen　～を…と比べる
Hitler wird oft mit Stalin verglichen.
ヒトラーはしばしばスターリンと比較される。

133 verlassen　sich auf et^4 verlassen　～を信頼する
Du kannst dich auf ihn verlassen.
君は彼を信頼することができます。

134 verlegen　et^4 (auf et^4) verlegen　～を（…に）延期する
Ich muss den Termin auf die nächste Woche verlegen.
私はその予約日を来週に延期しなければならない。

135 verlieben　sich in jn verlieben　～に恋をする
Bernd verliebt sich hoffnungslos in die Japanerin.
ベルントはどうしようもないほどその日本人女性に夢中に
なっている。

136 verstecken　sich hinter et^3 verstecken　～の後ろに隠れる
Das Kind versteckte sich hinter einem Baum.
その子は木の後ろに隠れた。

137 verstoßen　gegen et^4 verstoßen　～に違反する
Der Fußballspieler hat mehrmals gegen die Regeln
verstoßen.
そのサッカー選手は何回も規則に違反した。

| | 動詞 | 動詞＋前置詞 | 意味 | DL 29 |

138 vertiefen　sich in et⁴ vertiefen　〜に没頭する
Das Mädchen vertiefte sich in ein altes Märchenbuch.
その少女はある古い童話集に没頭していた。

139 vertrauen　auf jn/et⁴ vertrauen　〜を信用する
Ich vertraue einfach auf mein Glück.
私はとにかく自分の幸運を信じるよ。

140 verurteilen　jn zu et³ verurteilen　…に〜の刑を宣言する
Das Gericht hat den Täter zu einem Jahr Gefängnis verurteilt.
裁判所は、その犯人に禁錮一年の刑を宣言した。

141 verzichten　auf et⁴ verzichten　〜をあきらめる
Wegen Mangels an Wasser verzichtete ich auf ein Bad.
水不足のせいで私はお風呂をあきらめた。

142 vor|bereiten　sich auf et⁴ vorbereiten　〜の準備をする
Peter bereitet sich auf die kommende Prüfung vor.
ペーターは来たるべき試験の準備をしている。

143 wählen　jn zu et³ wählen　〜を…に選ぶ
Die Einwohner wählten Hanna Müller zur Bürgermeisterin.
住民たちはハンナ・ミュラーを市長に選んだ。

144 warnen　jn vor et³ warnen　〜に…しないように警告する
Er warnte mich (davor), das Boot zu benutzen.
彼は、そのボートに乗らないように、私に警告した。

145 warten　auf jn/et⁴ warten　〜を待つ
Ich warte schon eine Stunde lang auf ihn.
私はもう1時間も彼を待っています。

146 wechseln　et⁴ in et⁴ wechseln　〜を（通貨／小銭）に両替する
Können Sie 50 Euro in Dollar/Kleingeld wechseln?
50ユーロをドル／小銭に両替してくれませんか？

151

	動詞	動詞 + 前置詞	意味	DL 30

147 wenden
sich an jn/et⁴ wenden　　～に相談する、問い合わせる
Sie können sich jederzeit an mich wenden.
あなたはいつでも私に問い合わせをしてくださって結構です。

148 wetten
um et⁴ wetten　　～を賭ける
Ich wette um einen Kasten Bier.
私はビール1箱賭けます。

149 wundern
sich über et⁴ wundern　　～に驚く
Er wundert sich über meine Kochkünste.
彼は私の料理の腕前に驚いている。

150 zählen
zu et³ zählen　　～の一部に数えられる、～に属している
Er zählt zu den reichsten Männern in Deutschland.
彼はドイツで最もお金持ちの一人に数えられている。

151 zählen
auf jn zählen　　～をあてにする
Du kannst jederzeit auf mich zählen.
君はいつでも私のことをあてにできる。

152 zögern
mit et³ zögern　　～をすることに躊躇する
Der Politiker zögerte mit der Antwort.
その政治家は答えに躊躇した。

153 zurück|führen
auf et⁴ zurückführen　　～にさかのぼる
Der Begriff ist auf den griechischen Philosophen Plato zurückzuführen.
その概念はギリシャの哲学者プラトンにまでさかのぼることができる。

154 zweifeln
an et³ zweifeln　　～を疑っている
Herr Schmidt zweifelt an der Echtheit der Unterschrift.
シュミット氏はその署名の信憑性を疑っている。

155 zwingen
jn zu et³ zwingen　　～を…するように強制する
Er wurde zur Ruhe gezwungen.
彼はむりやり黙らされた。

動詞中心表現から機能動詞構文へ

　機能動詞構文は、本来の動詞の意味をほとんど失った機能動詞（状態変化、他動、受動、使役、開始などを表す一連の動詞）と語彙的な意味を担う名詞で作られた構文です。動詞中心の表現を名詞中心の表現にするときに使えるのが機能動詞構文です。

　ここでは、動詞表現から機能動詞構文を見つけられるようにリストを作成しています。例えば、anklagen は、「（人）を訴える」という意味ですが、名詞 Anklage を使うと、jn unter Anklage stellen「（人）を起訴する」と言い換えることができます。また、「起訴されている」という受動表現は、unter Anklage stehen と表現できます。このような関係を捉えるのが、この表です。

A

abgeschlossen werden：終えられる	zum Abschluss **kommen**
abschließen：（事）を終える	et⁴ zum Abschluss **bringen**
anbieten：提供する、申し出をする	ein Angebot **machen**
anerkannt werden：認められる	Anerkennung **finden**
anfangen：始める、開始する	den Anfang **machen**
angeklagt werden：起訴されている	unter Anklage **stehen**
angewandt werden：応用 / 適用される	Anwendung **finden**/
	zur Anwendung **kommen**
anklagen：訴える、起訴する	unter Anklage **stellen**
anordnen：指示する、指令を発する	Anordnungen **treffen**
anstrengen (sich)：努力する	Anstrengungen **machen**
antworten：答える	eine Antwort **geben**
anzahlen：内金を払う	eine Anzahlung **leisten**
applaudiert werden：拍手喝采される	Beifall **finden**
aufgeben：仕事を課す	eine Aufgabe **stellen**
aufgenommen werden：受け入れられる	Aufnahme **finden**
ausbrechen：爆発する	zum Ausbruch **kommen**
ausdrücken：（事）を表現する	et⁴ zum Ausdruck **bringen**
ausmustern：（物）を廃棄処分にする	et⁴ außer Dienst **stellen**
aussagen：証言する	eine Aussage **machen**
auswählen：選び出す、選択する	eine Auswahl **treffen**

B

baden：入浴する — ein Bad **nehmen**

beachten：（事）に注意を払う — et^3 Beachtung **schenken**

beachtet werden：注目される — Beachtung **finden**

beanspruchen：（人）に手間を取らせる — jm in Anspruch **nehmen**

beeindrucken：（人）に印象を与える — auf jn einen（＋形容詞）Eindruck **machen**

beenden：（事）を終える — et^4 zu Ende **bringen/führen**

befehlen：（人）に命じる — jm einen Befehl **geben**

beitragen：（事）に寄与する — einen Beitrag zu et^3 **leisten**

bemerken：考えを述べる — eine Bemerkung über et^4/ eine Bemerkung zu et^3 **machen**

bemühen（sich）：努力する — sich^3（mit et^3）Mühe **geben**

beobachten：観察する — eine Beobachtung **machen**

berechnen：（事）を考慮に入れる — et^4 in Rechnung **ziehen/stellen/setzen**

berücksichtigen：（人）を思いやる；（事）を考慮に入れる — auf jn/et^4 Rücksicht **nehmen**

berücksichtigt werden：考慮される — Berücksichtigung **finden**/ in Betracht **kommen**

beschützen：（人）を保護する — jn in Schutz **nehmen**

besorgen：買い物をする — Besorgungen **machen**

besprechen：（事）を話題にする — et^4 zur Sprache **bringen**

besprochen werden：話題にされる、話題になる — zur Sprache **kommen**

besuchen：（人）を訪問する — bei jm einen Besuch **machen**

betrachten：（事）を考慮に入れる — et^4 in Betracht **ziehen**

betreiben：（物）の操業を開始する — et^4 in Betrieb **nehmen/setzen**

bewegen：～を動かす — jn/ et^4 in Bewegung **bringen/setzen**

beweisen：（事）を立証する — den Beweis für et^4 **führen**/ et^4 unter Beweis **stellen**

beziehen（sich）：（事）を引き合いに出す — auf et^4 Bezug **nehmen**

bezweifeln：（事）を疑う — et^4 in Zweifel **ziehen/stellen**

bitten：（人）に頼む — eine Bitte an jn **stellen**

D

debattiert werden：討議されている   zur Debatte **stehen**
denken：（事）についてあれこれ考える   Gedanken über et⁴ **machen**
dienen：（人）のために尽くす   jm einen （＋形容詞）Dienst
    erweisen/leisten
diskutieren：（事）を討論の対象とする   et⁴ zur Diskussion **stellen**
durchgeführt werden：実行される   zur Durchführung **kommen/**
    gelangen

E

eingesetzt werden：投入される   zum Einsatz **kommen/gelangen**
einkaufen：買い物をする   Einkäufe **machen**
empfangen：（人）を出迎える；（物）を受け取る
    jn/ et⁴ in Empfang **nehmen**
enden：終わる   zu Ende **gehen**
entschließen（sich）：決心がつく   zu einem Entschluss **kommen**
entscheiden：決定する   eine Entscheidung **treffen**
erfahren：（物・事）を調べて知る   et⁴ in Erfahrung **bringen**
erfüllen（sich）：〜が実現する   in Erfüllung **gehen**
ergeben（sich）：結果になる   zu einem Ergebnis **kommen**
erlauben：（人）に許可を与える   jm eine Erlaubnis **geben/erteilen**
ermorden：殺人を犯す   einen Mord **begehen/verüben**
ermutigen：（人）に勇気を抱かせる   jm Mut **machen**
erscheinen：現れる   zum Vorschein **kommen**
ersetzen：（物）を弁償する   für et⁴ Ersatz **leisten**
erstaunen：（人）をびっくりさせる   jn in Erstaunen **bringen/versetzen**
erwägen：（事）を考慮する   et⁴ in Erwägung **ziehen**

F

fehlen：誤りを犯す   einen Fehler **begehen/machen**
folgen：（人）に従う   jm Folge **leisten**
fordern：（人に）要求する   eine Forderung （an jn）**stellen**
fortschreiten：（事が）進歩する   （in et³）Fortschritte **machen**
fragen：（人）に質問する   jm eine Frage **stellen/**
    an jn eine Frage **richten**

G

gebrauchen：（物）を用いる   et^4 in Gebrauch **nehmen**

gedruckt werden：印刷される   in Druck **gehen**

gehorchen：（人）に服従する   jm Gehorsam **leisten**

gewählt werden：選択の余地がある   zur Wahl **stehen**

glauben：〜を信頼する   jm/ et^3 Glauben **schenken**

H

handeln：（人と）取引する   (mit jm) Handel **treiben**

helfen：（人）を援助する   jm Hilfe **geben/leisten**

I

informieren：（人）に情報提供する   jm eine Auskunft **geben**

K

kämpfen：戦う   einen Kampf **führen**

kontrolliert werden：制御されている   unter Kontrolle **stehen**

kritisieren：〜を非難する   an jm/et^3 Kritik **üben**

L

leben：（〜な）暮らしをする、暮らす   ein (+形容詞) Leben **führen**

N

nutzen：（物・事）を利用する   aus et^3 Nutzen **ziehen**

P

predigen：説教をする   eine Predigt **halten**

produziert werden：生産される   in Produktion **gehen**

profitieren：（事）から利益を引き出す   aus et^3 Vorteil **ziehen**

protokollieren：（事を）記録する   Protokoll (über et^4) **führen**

R

raten：（人）に助言を与える   jm (einen) Rat **geben**

reden：（〜な）スピーチする   eine (+形容詞) Rede **halten**

reisen：旅行する   eine Reise **machen**

reparieren：（物）を修復する　　　　　et⁴ in Ordnung **bringen**

riskieren：（物・事）を賭ける；危険にさらす　et⁴ aufs Spiel **setzen**

S

schlagen：（人）を殴る　　　　　　　jm einen Schlag **geben**

schließen：（事）から結論を引き出す　　einen Schluss aus et³ **ziehen**

sorgen：〜のことで心配する　　　　　sich³ um jn/et⁴ Sorgen **machen**

spazieren gehen：散歩する　　　　　　einen Spaziergang **machen**

sprechen：（人と）話をする　　　　　ein Gespräch (mit jm) **führen**

starten：（物）を動かす　　　　　　　et⁴ in Gang **bringen/setzen**

stilllegen：（物）の運転を中止する　　et⁴ außer Betrieb **stellen**

U／Ü

üben：練習をする　　　　　　　　　　eine Übung **machen**

überzeugen (sich)：確信を持つ　　　　zu einer Überzeugung **kommen**

unterhalten (sich)：（人と）話し合いをする　(mit jm) eine Unterhaltung **führen**

unterrichten：（人に）授業をする　　　(jm) Unterricht **geben**

unterschreiben：署名する　　　　　　eine Unterschrift **leisten**

unterstützt werden：支持される　　　　Unterstützung **finden**

V

verabschieden (sich)：（人と）別れを告げる　(von jm) Abschied **nehmen**

verantworten：（自分の行動に）責任をとる　die Konsequenzen **ziehen**

verbinden (sich)：（人）と連絡をとる　sich⁴ mit jm in Verbindung **setzen**

verbrechen：罪を犯す　　　　　　　　ein Verbrechen **begehen**

verbreiten (sich)：普及する　　　　　Verbreitung **finden**

verfügen：（人）の自由になる　　　　jm zur Verfügung **stehen**

verfügen：（人）に（物）を自由に使わせる　jm et⁴ zur Verfügung **stellen**

verhaften：（人）を逮捕する　　　　　jn in Haft **nehmen**

verkauft werden：売りに出ている　　　zum Verkauf **stehen**

verraten：裏切る　　　　　　　　　　an jm Verrat **üben**

versprechen：（人）に約束する　　　　jm ein Versprechen **geben**

versprechen：約束を守る　　　　　　ein Versprechen **halten**

versuchen：試みる　　　　　　　　　einen Versuch **machen**

vertrauen：（人）に忠実であり続ける　jm Treue **halten**

vertrauen：（人）を信用する	jm Vertrauen **schenken**
verwendet werden：用いられる	Verwendung **finden**
vorbereiten：準備をする	Vorbereitungen **treffen**
vorschlagen：提案する	einen Vorschlag **machen**
vorwerfen：（人）を非難する	jm einen Vorwurf **machen**

W

wachen：（人を）見張る	（bei jm）Wache **halten**
wehren（sich）：身を守る	sich⁴ zur Wehr **setzen**
widerstehen：（人）に反抗する	jm Widerstand **leisten**

Z

zerbrechen：壊れる	zu Bruch **gehen**
zugestimmt werden：賛同をえる	Zustimmung **finden**
zustimmen：（人）に賛成する	jm eine Zustimmung **geben**

参考文献

Dudenredaktion（2014）*Duden Unnützes Sprachwissen: Erstaunliches über unsere Sprache*. Berlin: Bibliographisches Institut.

Dudenredaktion（2021）*Schülerduden Synonyme*. Berlin: Bibliographisches Institut.

Glaboniat, Manuela/Perlmann-Balme, Michaela/Studer, Thomas（2016）*Goethe-Zertifikat B1: Deutschprüfung für Jugendliche und Erwachsene*. München/Wien: Goethe-Institut und ÖSD.

Schmitt, Richard（1989）*Weg mit den typischen Fehlern! Teil 2*.（deutsch üben 4）Ismaning/München: Verlag für Deutsch.

Wöllstein, Angelika und Dudenredaktion（2022）*Die Grammatik: Struktur und Verwendung der deutschen Sprache Satz – Wortgruppe – Wort*. 10. Auflage. Berlin: Bibliographisches Institut.

　言葉は、基本的に音声を前提にしていますが、その音声は何らかの意味に対応しています。特定の音を言葉として発すると、特定の意味を表すわけですが、その結びつきは同一言語を話す共同体に共有されています。この結びつきはそれほど強くなく、時代や地域によってずれていくものです。そんな音と意味の間で微妙な位置にあるのが、擬音語、擬声語、擬態語と呼ばれる語群です。ドイツ語では、Lautmalerei（音の絵画）と呼ばれることもあります。言語音が特定の外界の音、声、様態と特定の言語の枠を超えて、かなり直接的に結びついているように思えるからです。

　zwitschern という動詞を例に考えてみましょう。zwitschern は、「（小鳥が）さえずる」時に使われる動詞ですが、*Duden — Deutsches Universal-wörterbuch* には、次のような説明があります。

a)（*von bestimmten Vögeln*）*eine Reihe rasch aufeinanderfolgender, hoher, oft hell schwirrender, aber meist nicht sehr lauter Töne von sich geben*:
（特定の小鳥たちが）次から次へと間髪入れずに、しばしば明るい羽ばたきのような音ではあるがたいていそれほど騒々しいわけではない一連の高音を発すること。

　ここからわかるのは、小鳥の鳴き声が「繰り返しの音」で、「高音」で「明るく振動」し「そんなに騒々しくない」音として表現されていることです。語源の説明には、urspr. lautm.（もともと擬音語）と書いてあります。どうやら、小鳥のさえずりが、[ts] という破擦音で 2 回繰り返すところに出ているようです。この動詞は英語の tweet に対応し、この語では破裂音の [t] が 2 回繰り返されています。これも擬音語です。日本語では、「チュンチュン」という擬音があり、[ts] という破擦音が繰り返されています。小鳥の鳴き声が [ts] や [t] という特定の言語音の繰り返しで象徴されているところが不思議と似ています。ドイツ語では、このように動詞が擬音を表す場合がよくあります。zwitschern の上の説明の中にある schwirren は、振動音を表し、ハエや蚊が飛ぶ時の音や、矢が飛んでいく音を象徴しています。「ぶーん」とか、「ビューン」とかいう感じで発音してみると感覚が分かる気がします。

◎　聞き取り問題内容

❏ **過去問（第 1 部）**（← 120 頁）

会話のテキストを以下にあげます。

聞き取りの練習をするときはこのテキストを見ずに、まずは音声データで聞いてから設問に答えてみましょう。

〈会話のテキスト〉　**DL 09**

(A) **A:** Guten Morgen, Herr Strauss. Sie sehen aber gar nicht gut aus!

B: Hallo, Frau Schubert! Ich habe meinen Geldbeutel verloren.

A: Das ist ja schrecklich! Waren Sie schon bei der Polizei?

B: Nein, nur beim Fundbüro! Aber ohne Erfolg ...

A: War denn viel drin?

B: Nicht der Rede wert, aber die Fotos meiner Frau und der Kinder ...

(B) **A:** Kommst du heute zur Vorlesung vom Reichmann, Sabrina?

B: Nein, ich muss gleich nach dem Seminar nach Hause.

A: Wieso? Ist was passiert?

B: Ich will das Referat für morgen noch fertig schreiben!

A: Alles klar, ich sage dir dann morgen, was wir gemacht haben.

(C) **A:** Ihren Führerschein, bitte!

B: Einen Moment! Ich glaube, ich habe ihn in die Tasche gelegt.

A: Das wollen wir doch mal hoffen ... Auf dem Weg nach Hause?

B: Ja, meine Kinder warten schon. Ach, wo ist denn mein Führerschein?

A: Na, dann steigen Sie mal bitte aus!

(D) **A:** Noch zwei Wochen bis zu den Ferien.

B: Stimmt! Wo wollen wir dieses Jahr denn hin?

A: Gehen wir doch mal wieder campen!

B: Klingt nicht schlecht. Vielleicht irgendwo am Rhein?

A: Oder wir mieten uns einen Wohnwagen und fahren durch Italien!

B: Lass uns einfach darüber abstimmen!

❑ 練習問題　［例題］（← 125 頁）

練習問題の会話のテキストを以下にあげます。

　聞き取りの練習をするときはこのテキストを見ずに、まずは音声データで聞いてから設問に答えてみましょう。

練習問題（聞き取り問題　第 1 部、実際に読まれる会話）　**DL 10**

（A）**A:** Wie war die Ausstellung im Nationalmuseum, Monika?

　　B: Sie hat mir sehr gut gefallen.

　　A: Wie hieß denn die Ausstellung?

　　B: „Picasso und seine Zeit: Meisterwerke vom Museum Berggruen". Einige Bilder von Paul Klee sind ja faszinierend.

　　A: Ach so? Die Bilder von Klee sind mir einfach rätselhaft. Die sind nichts für mich.

（B）**A:** Kann ich Ihnen helfen?

　　B: Ich hätte gern eine Jeans.

　　A: Was für eine Jeans suchen Sie denn?

　　B: Ich möchte mal eine Jeans, die viele kleine Löcher hat.

　　A: Sie möchten also eine zerrissene Jeans wie diese?

　　B: Nein, die Löcher müssen irgendwo am Knie sein.

（C）**A:** Schmeckt Ihnen unser Schnitzel Pariser Art?

　　B: Ja, das schmeckt mir wirklich gut. Aber ich weiß nicht, warum Sie es Pariser Art nennen.

　　A: Anders als das Wienerschnitzel wird das Pariser Schnitzel ohne Paniermehl zubereitet.

　　B: Ach, interessant! Auf der Speisekarte steht auch das Schnitzel Italienische Art. Wie sieht das aus?

　　A: Das hat Spaghetti und Tomatensoße darauf.

　　B: Ach, nein!

（D）**A:** Gibt es heute eine Fußballsendung Dortmund gegen Bayern?
　　B: Du irrst dich, Heinz.
　　A: Ach ja, Frankfurt gegen Bayern? Stimmt's?
　　B: Nein, heute gibt es überhaupt keine Fußballsendung im Fernsehen.
　　A: Das gibt es doch nicht!
　　B: Die Saison ist doch schon seit letzter Woche vorbei.

❏ 過去問（第 2 部）（← 126 頁）
　読み上げられたテキストと質問、選択肢を以下にあげます。
　聞き取りの練習をするときにはこのテキストを見ずに、まずは音声データで
聞いてから設問に答えてみましょう。

〈読み上げられたテキストと質問・選択肢のテキスト〉 **DL 11**

Hallo, liebe Schülerinnen und Schüler vom Leopold-Mayer-Gymnasium!
Ich heiße Andreas Fischer. Ich habe vor fünf Jahren dieses Gymnasium
absolviert und studiere jetzt in Hamburg. Ihr macht nächstes Jahr das
Abitur. Langsam müsst ihr euch entscheiden, an welcher Uni und welches
Fach ihr studieren möchtet. Heute erzähle ich euch kurz über meine
Schulzeit. Hoffentlich ist meine Rede für eure zukünftige Wahl eine gute
Anregung.

　Als Kind wollte ich eigentlich Pilot werden, weil meine Familie oft mit
dem Flugzeug gereist ist. Jedes Mal, wenn ich an Bord war, war ich ganz
gespannt und habe geträumt, in Zukunft selbst ein Flugzeug zu lenken.
Aber ich hatte als Kind eine schwache Gesundheit und habe viel Zeit in
Krankenhäusern verbracht. Außerdem waren meine Augen leider nicht
gut genug, um Pilot zu werden. Deswegen habe ich mit 15 meinen Traum
aufgegeben. Da ich aber im Gymnasium sehr gut in Englisch war, hat
meine Lehrerin mir empfohlen, mich für das Schüleraustauschprogramm
mit der Partnerschule in Philadelphia, in den USA, zu bewerben. Es gab
sehr viele Bewerber für das Programm. Nach den Prüfungen habe ich

glücklicherweise die Gelegenheit bekommen, ein Jahr bei einer amerikanischen Gastfamilie in Philadelphia zu wohnen und vor Ort die Schule zu besuchen.

Mein Leben in Philadelphia war traumhaft und wunderbar. Am Anfang hatte ich noch große Schwierigkeiten, Englisch zu sprechen und zu verstehen. Aber durch die Hilfe meiner netten Gastfamilie und meiner Klassenkameraden konnte ich mein Englisch allmählich verbessern. Nach einigen Monaten habe ich die Sprache so gut beherrscht, dass ich fast ohne Fehler auf Englisch sprechen und schreiben konnte. Ich habe sogar auf Englisch geträumt!

In der Schule in Philadelphia habe ich mich neben dem Unterricht auch mit der Schulzeitung beschäftigt. Ich habe Fotos für Artikel gemacht oder manchmal einen kurzen Artikel geschrieben. Diese Erfahrung war besonders schön für mich und hat mir die Tür zu einer neuen Welt geöffnet. Ich habe mich dadurch für Journalismus interessiert und hatte einen neuen Traum, in Zukunft möchte ich für eine Zeitung oder fürs Fernsehen arbeiten und Nachrichten machen.

Nach einem einjährigen Aufenthalt in Philadelphia bin ich nach Deutschland zurückgekommen und habe mit der Vorbereitung fürs Abitur begonnen. Jetzt studiere ich in Hamburg Journalistik und habe vor, nächstes Jahr bei einer Zeitung ein Praktikum zu machen.

Ich konnte zwar kein Pilot werden, aber ich bin jetzt sehr stolz auf meine Wahl und sehr zufrieden mit meinem Studium, denn ich habe nun ein neues Ziel. In Zukunft möchte ich mit dem Flugzeug um die Welt reisen, nicht als Pilot, sondern als Journalist.

（2021 年夏）

（**A**）　Für wen hält Andreas diese Rede?

　　　　1 Für Studentinnen und Studenten.

　　　　2 Für Journalistinnen und Journalisten.

　　　　3 Für Schülerinnen und Schüler.

（**B**）　Warum hat Andreas seinen Traum, Pilot zu werden, aufgegeben?

　　　　1 Weil seine englische Note schlecht war.

　　　　2 Weil seine Sehkraft nicht gut genug war.

　　　　3 Weil er und seine Familie in die USA umziehen mussten.

（**C**）　Was hat die Lehrerin im Gymnasium Andreas empfohlen?

　　　　1 Sie hat ihm empfohlen, Journalistik zu studieren.

　　　　2 Sie hat ihm empfohlen, Sport zu machen, um gesünder zu werden.

　　　　3 Sie hat ihm empfohlen, sich um ein Austauschprogramm zu bewerben.

（**D**）　Womit hat sich Andreas in Philadelphia beschäftigt?

　　　　1 Er hat sich für sein Abitur vorbereitet.

　　　　2 Er hat sich mit der Schulzeitung beschäftigt.

　　　　3 Er hat sich mit seinen Klassenkameraden beschäftigt.

（**E**）　Was will Andreas in Zukunft machen?

　　　　1 Er will noch einmal in die USA reisen.

　　　　2 Er will in Hamburg Journalistik studieren.

　　　　3 Er will in den Nachrichtenmedien arbeiten.

❏ **練習問題**　［**例題**］（← 131 頁）

朗読されたテキストと質問、選択肢のテキストを以下にあげます。

　聞き取りの練習をするときにはこのテキストを見ずに、まずは音声データで聞いてから設問に答えてみましょう。

〈読み上げられたテキストと質問・選択肢のテキスト〉 DL 12

Liebe Teilnehmerinnen und Teilnehmer,
herzlich willkommen zu unserem Intensiv-Sommerkurs in Niemandsmeer.
Ich heiße Heinz Lieb und bin für das Programm *Journalistisch arbeiten*
zuständig. Wie Sie wohl aus dem Programmheft schon erfahren haben,
dauert dieses Sonderprogramm knapp 4 Wochen, d.h. vom 2. bis zum 29.
August. Innerhalb dieser vier Wochen lernen Sie die kurze Geschichte
des Journalismus kennen und erfahren gleichzeitig vielseitige Aspekte
des Journalismus, kurzum: Sie werden hier über die Theorie und Praxis
des Journalismus umfassend informiert werden.

Vormittags haben Sie zwei Unterrichtsstunden, deren Thema die Ge-
schichte und die Probleme des Journalismus sind. Unter Journalismus
versteht man, grob gesagt, „die Tätigkeit von Journalisten, und die Art
und Weise, wie Journalisten berichten". Wir müssen also zuerst damit
anfangen, wann, wie und wo der Beruf Journalist entstand. Andere Un-
terrichtsthemen sind Medienstudien. Journalisten brauchen offenkundig
bestimmte Medien, mit denen sie ihre Berichte gestalten oder in denen
sie ihre Meinungen äußern, z. B. Zeitungen, Zeitschriften, Rundfunk- und
Fernsehsendungen, Webseiten, Blogs usw. Je nach Medium hat man aber
bestimmte Vor- und Nachteile. Sie werden da über die Eigenschaften der
verschiedenen Medien diskutieren.

Jede Unterrichtstunde wird wie ein Seminar gestaltet, d.h. eine Teil-
nehmerin oder ein Teilnehmer wählt ein bestimmtes Thema und hält
darüber ein Referat. Ein Referat sollte etwa 30 Minuten maximal dauern.
Die anderen Teilnehmerinnen und Teilnehmer sind verpflichtet, an der
Diskussion aktiv teilzunehmen. Das Referat muss nicht unbedingt nur
von einer Teilnehmerin oder einem Teilnehmer allein gehalten werden.
Es ist eher wünschenswert, zu zweit oder zu dritt zu referieren. Die Vor-

aussetzung dafür ist natürlich, dass Sie gut zusammenarbeiten können.

Nun zur praktischen Seite des Programms. Nachmittags haben Sie frei, das heißt aber nicht, dass es keine Aufgaben für Sie im Kursprogramm gäbe. Das Programm sieht vor, dass Sie, also alle Teilnehmerinnen und Teilnehmer, eine eigene Redaktion organisieren sollen, die aus mehreren Ressorts besteht, z. B. Politik, Wirtschaft, Kultur, Sport oder auch Job und Karriere, Klimaschutz, Technik usw. Wir bieten Ihnen eine eigene Webseite an, wo Sie Ihre eigenen Berichte und Meinungen publizieren können. Zuerst müssen Sie ein Redaktionskonzept ausarbeiten und sich darauf einigen. Konferenzräume und Computer dafür sind von nachmittags bis 20 Uhr verfügbar. Melden Sie sich bei uns im Büro, wenn Sie Schwierigkeiten haben sollten. Es gibt mehrere Assistenten, die immer bereit sind, Ihnen zu helfen. Also, ich wünsche Ihnen allen viel Erfolg.

読み上げられた質問（**A**）〜（**E**）とそれに対する解答の選択肢

(**A**) Wie lange dauert das Programm *Journalistisch arbeiten*?

1 Es dauert 30 Minuten.

2 Es dauert knapp 4 Wochen.

3 Es dauert vom 2. bis zum 28. August.

(**B**) Wie viele Unterrichtsstunden haben die Teilnehmerinnen und Teilnehmer vormittags?

1 Sie haben nur eine Unterrichtsstunde.

2 Sie haben 2 Unterrichtsstunden.

3 Sie haben 3 Unterrichtsstunden.

(**C**) Wie lange sollte ein Referat maximal sein?

1 10 Minuten.

2 20 Minuten.

3 30 Minuten.

(**D**) Was sollten die Teilnehmerinnen und Teilnehmer nachmittags tun?

  1 Sie haben frei und brauchen nichts zu tun.

  2 Sie sollen eine eigene Redaktion organisieren und ihre eigenen Berichte im Internet publizieren.

  3 Sie müssen ein Thema aus verschiedenen Bereichen auswählen und ihre Meinungen dazu äußern.

(**E**) Wann kann man Computer benutzen?

  1 Von nachmittags bis 20 Uhr.

  2 Von vormittags bis 20 Uhr.

  3 Von vormittags bis nachmittags.

コラム Hoppla! Hopsa! Hopsasa!

　ある時、ドイツの街なかを歩いていると、一人の女性が転びそうになって Hoppla! と言っていました。印象深い音なので、辞書で調べてみると確かに載っていました。『アクセス独和辞典』には次のように書いてあります。

> hoppla 圃 (つまずいたときなど) おっと：(人にぶつかってぶっきらぼうに) ごめんよっ：(物を投げるときに) ほらよっ

　ドイツ語の間投詞なのですが、確かにその女性は日本語で言えば「おっと」と言ったようにも見えました。でも、今度はある時に、転びそうになった人を見た人が Hoppla! と言っているのを目撃してしまいました。日本語の「おっと」というのは、他の人が転びそうになった時に、その人に向かって「おっと！」とは言いません。間投詞も言語によって使い方が違うのかと感心して、今後は Duden — Deutsches Universalwörterbuch を見てみました。どうやら中高ドイツ語では hoppen という動詞があり（現在の hüpfen）、hoppeln になり、そこから作られた感嘆詞のようです。

> hoppla　Ausruf, mit dem man innehaltend auf etw. aufmerksam machen möchte:
> 　　行為を一時中断して何かに注意をむけようとする時に使う感嘆詞

そして例文としては、Hoppla, da ist eine Stufe!（あっ、あぶない、段差がある！）という明らかに他の人に対して使うような例と、Hoppla, beinah wäre ich gefallen!（おっと、もうちょっとで転ぶところだった！）という自分に対して言っているものが載っていました。日本語では「おっと」の強調形（？）としては「おっとっと」というのもありますね。

　ある時、ドイツ人の友人が Hopsa! と言っているのに気がつきました。こちらは『独和大辞典』によると、「（子供が跳ぶときにそばからかけたり、子供をいすやひざに乗せるときにかける掛け声）ぴょん、それ、よいしょ」となっています。でも、この友人曰く、Hoppla! と同じようにも使えるのだ、と。そう言えば、モーツァルトのオペラ『魔笛』のパパゲーノの歌の中に、Stets lustig, heissa, hopsasa! というのがあったことを思い出しました。小さく跳び跳ねている感じがありますね。

◎　解答・解説

〈第 2 章　小問題〉

2. 語の派生（1 つの語の品詞間の変換）　［例題］（← 25 頁）

〈解答〉

(1)　**2**　　　(2)　**2**　　　(3)　**1**　　　(4)　**4**　　　(5)　**2**

(6)　**4**　　　(7)　**3**

〈解説〉

(1)　形容詞を名詞にするときに付ける語尾が -igkeit になるものを選びます。順番に名詞にしてみると、**1** Faulheit **2** Müdigkeit **3** Treue **4** Zärtlichkeit となりますので、**2** の müde が正解です。

(2)　名詞を形容詞にするときの語尾を比較して、他とは異なるものを選びます。**1** himmlich **2** mutig **3** sprachlich **4** ärztlich となり、**2** の Mut の場合だけが、-ig を付けて形容詞になっています。

(3)　動詞を形容詞にするときの語尾を比較して、他とは異なるものを選びます。**1** schweigsam **2** bestechlich **3** erträglich **4** verzeihlich となるので、**1** の schweigen だけが異なります。

(4)　反対や否定の意味の形容詞を作る時に、接頭辞 in- が付かないものを選びます。反対や否定の意味を表す形容詞をそれぞれ作ってみると、**1** inaktiv **2** informell **3** inhuman **4** unsportlich となり、sportlich は in- が付きません。

(5)　名詞が形容詞になった形が列挙されていましたが、元の名詞が -e で終わるものを選びます。元の名詞を考えると、**1** Gier **2** Mode **3** Jahr **4** Flug となり、**2** が正解です。

(6)　名詞にした場合に、語尾に -heit が付くものを探します。**1** Ausbildung **2** Bereitschaft **3** Notwendigkeit **4** Betrunkenheit となり、**4** の betrunken が正解です。

(7)　「...を（専門と）する人」を表す語尾はいろいろありますが、ここでは -iker で終わるものを探します。**1** Biologe **2** Jurist **3** Mathematiker **4** Philosoph となり、**3** の Mathematik が正解です。

3. 類義語と類似した語の使い分け　[例題]（← 42 頁）

〈解答〉

(1)　**2**　　　(2)　**4**　　　(3)　**4**　　　(4)　**2**

〈解説〉

(1)

(A) Gegen Mittag ist Peter endlich (aufgewacht).

(B) Achtung: Radfahrer vor der Brücke (absteigen).

(C) Warum hast du mich so früh (aufgeweckt)?

(D) Endstation! Alles (aussteigen).

(A)「お昼頃、ペーターはとうとう目を覚ました」。完了の助動詞が sein で、状態変化を表す自動詞 aufwachen の過去分詞を入れます。(B)「注意：橋の前で（自転車を）降りてください」。absteigen は「（馬や乗り物から）降りる」という意味の自動詞。横断する歩行者がいる場合、自転車に乗ったままの通行を許さない区間が設定されていることがあります。交通整理の人がいると、一言 Absteigen!（降りてください）と言われることもあります。(C) mich と 4 格目的語がありますから、他動詞を入れます。ここでは現在完了の文なので aufwecken の過去分詞形、aufgeweckt が正解。(D)「終点です。みなさん、降りてください」。例えば、バスの終点についた時に、典型的に使われる言葉です。人間なのに alles か、と思われるかもしれませんが、集合的に人を表す時には、alles が使われる、と説明されています。

(2)

(A) Hast du schon alles (angestrengt) überlegt?

(B) Für den neuen Chef ist die Arbeit sehr (anstrengend).

(C) Er kommt (gewöhnlich) spät nach Hause.

(D) Der Politiker antwortete in (gewohnt) ruhigem Ton.

(A)「君はすでにすべてのことを徹底的に考えましたか？」。angestrengt は「徹底的に、一生懸命に、集中して、一心不乱に」などと和訳されますが、anstrengen「（能力などを）大いに働かせる」という他動詞の過去分詞形です。(B)「その新しい上司には、その仕事は非常にきついものだ」。(A) と同じく anstrengen という動詞から作られたもので、もとは現在分詞ですが形容詞となっています（sehr で強調できます）。仕事や課題などが主語になり「つらい、きつい」という意味でよく使われるます。(C)「彼はふつう、遅い時間に帰宅する」。gewöhnlich は、ここでは「ふつう、ふだんは」という意味の副詞で使われています。

(D)「その政治家は、いつもながらの落ち着いた口調で答えた」。ここでの ge-wohnt は、後続する形容詞 ruhig を修飾する副詞として使われています。こういう場合 gewohnt という形容詞は「いつもの、いつもながらの」と和訳されます。なお、in ___-em Ton は「… の口調で」という意味で使われる表現で、下線部には、無冠詞で形容詞が入ります。

(3)

(A) Welche (Lebensmittel) sind nicht mehr essbar?

(B) In diesen Ländern fehlen vor allem (Nahrungsmittel).

(C) Hauptursachen sind schlechte (Ernährung) und zu wenig Bewegung.

(D) Dort können sich die Flüchtlinge aufwärmen und (Nahrung) erhalten.

(A)「どの食品がもう食べられませんか?」。動詞が sind で、主語が複数形であることが分かります。これだけを見ると、通常複数形で用いる Lebensmittel か Nahrungsmittel のどちらかが入ることが分かります。(B)「これらの国々では、特に食料品が不足しています」。動詞が fehlen ですから主語は複数形です。ここでも Nahrungsmittel と Lebensmittel は文法的にどちらも入れることができます。ただ、「生きていくために必要な食べ物」という意味なら、Nahrungs-mittel の方が適切です。(C)「主な原因は、悪い栄養状態と、運動不足です」。Ernährung は、ernähren「… に栄養を与える」という意味の他動詞の名詞化です。「栄養を与えること」という意味ですが、栄養を与えられるのは、ふつう人間、子供です。(D)「そこでは、避難民の人たちは、身体を温めて、食料品をもらうことができます」。Nahrung は、「(生きていくのに必要な) 飲食物」を表す集合名詞です。この問題で扱われた名詞はいずれも類似していますが、Lebensmittel と Nahrungsmittel は、ふつう複数形で用い、Lebensmittel は、主にお店で売っている飲食物を指すのに用い、Nahrungsmittel は、人間の栄養源となるような食料を指します (文脈によっては、ほぼ同じ意味で用いられることもあります)。Ernährung は、ernähren という他動詞の意味を持っていて、schlechte Ernährung と言えば「栄養を与える状態が悪い」=「悪い栄養状態」のこと。Nahrung は、やや専門用語的な響きがあり生存に必要な「飲食物」を表します。

(4)

(A) Der Arzt hat mir Tabletten (verschrieben).

(B) Ich habe mir deine Telefonnummer (aufgeschrieben).

(C) Wir wollen uns nicht (vorschreiben) lassen, wie wir unsere Kinder erziehen sollen.

(D) Ich habe ihr den Weg zum Bahnhof (beschrieben).

（A）「その医者は私に錠剤を処方した」。verschreiben という動詞の過去分詞形が入ります。「(医者が患者に) 処方箋を書く」（薬や療法の指示を書面に書く）というのが verschreiben という非分離動詞てす。（B）「私は君の電話番号をメモしました」。動詞は aufschreiben で、この文の mir は「自分のために」という意味のオプションとして使われる 3 格ですから、なくても文は成立します。aufschreiben はなぜ auf かというと、紙などの＜上へ＞書くからです。英語の write down とは発想が逆なので注意しましょう。（C）「私たちは、自分たちの子供をどのように教育するかということに関して指図を受けたくない」。sich³ (von jm) vorschreiben lassen という言い方で「(〜からの) 指図を受けない」という表現です。vorschreiben と verschreiben は、一文字違いですが、vorschreiben は分離動詞です。（D）「私は、彼女に駅への道を教えた」。beschreiben という動詞は「記述する」という意味ですが、これは「言葉を使って説明する、描写する」という意味で用いることができる動詞です。英語の describe に相当します。

4. アクセント　[例題]（← 49 頁）

〈解答〉

(1)　**4**　　　(2)　**1**　　　(3)　**1**　　　(4)　**2**

〈解説〉

(1)

1「車の運転者は、そこで引き返さねばならない」。umkehren は分離動詞で、「引き返す；向きを反対にする」という意味の分離動詞で、アクセントは前綴りの um にあります。**2**「私はいそいでその住所を書き留めねばならない」。aufschreiben は「... を (紙の上などに) 書き留める」という意味の分離動詞で、アクセントは前綴りの auf にあります。**3**「その原稿をまずちょっと通して読ませてください」。durchlesen は、「... を初めから終わりまで読む」という意味の分離動詞で、アクセントは前綴りの durch にあります。**4**「校正をしている時に、私はいくつかの間違いを見落としてしまった」。ここでの übersehen は「(うっかり) ... を見落とす」という意味の非分離動詞で、アクセントは sehen の最初の音節にあります。アクセントの位置が他と異なるのは、この übersehen です。なお、übersehen には、3 格の再帰代名詞と 4 格目的語をとって使う分離動詞もありますが、こちらは「... を見飽きるほど見る」という意味です。

175

（2）

1「お別れに君を抱きしめさせてください」。umarmen は、「… を抱きしめる」という意味の分離動詞で、前綴りの um にアクセントがあります。**2**「君は、私のところでソファーで泊まることができます」。übernachten は「宿泊する、泊まる」という非分離動詞ですから über にアクセントはありません。夜遅くなったので、うちのソファーでいいのならそこで寝ることができるよ、と友人に言っている場面が想像できる例文です。**3**「あなたは、今日、さらに何をやりたいですか？」という疑問文で、unternehmen は、「… を企てる、やってみる、する」という意味の非分離動詞です。unter にアクセントはありません。**4**「その構想は、感銘するほどよく考え抜かれている」。durchdacht は、非分離動詞 durchdenken の過去分詞です。ge が挟まれていないところからも分かります。「… を徹底的に考える」という他動詞ですが、ここでは、状態受動の形になっています。非分離動詞なので、durch にはアクセントがありません。**1** だけが分離動詞で前綴りの um にアクセントがあるので、**1** が正解です。

（3）

1「あなたは、その事故の起こった箇所を大きく避けて通るほうがよいでしょう」。umfahren は、ここでは非分離動詞で「（乗り物で）… を避けて通る」という意味です。非分離動詞なので、um にはアクセントはありません。**2**「そのフェリー船は、私たちをケーニッヒシュタインのところで向こう岸へ渡してくれる」。動詞 übersetzen は、ここでは「… を向こう岸へ渡す」という意味の分離動詞なので、前綴りの über にアクセントがあります。**3**「世界は、もし私たちがこんな風にさらにやり続けると、おそらく滅亡してしまうでしょう」。動詞 untergehen は分離動詞で、「… が沈む；没落する；落ちぶれる」という意味、前綴りの unter にアクセントがあります。**4**「夏休みに私たちはどこへ行こうか？」。動詞 hinfahren は「…へ（乗り物に乗って）行く」という分離動詞です。アクセントは前綴りの hin の上にあります。**1** の umfahren だけが非分離動詞で下線部の um にアクセントがなかったので、これが正解です。

（4）

「このボールペンを知っていますか？」という A の疑問文に対して、B は「いいえ、そのボールペンを私は知りません」と答えた後に、「ここにあるこれは、私のボールペンです」と答えています。最後の文の Das hier の das は、目の前にあるものを指して使っている指示代名詞で、その場所を明確にするために hier が付いています。もとの疑問文で diesen Kugelschreiber と言っているのは、目の前にあった別のボールペンだったことがはっきりします。この対比をはっきりさせるのは、**2** の hier です。ボールペンの所有者が問われているのな

ら mein が、所有物が問われているのなら Kugelschreiber が強調されます。

5. 言い換え（筆記問題） ［例題］（← 65 頁）

〈解答〉

A	(1)	müssen	(2)	sind	(3)	hatte	(4)	scheint	(5)	wovon
B	(1)	Soll	(2)	das	(3)	lässt	(4)	wo	(5)	was
C	(1)	Was	(2)	Lust	(3)	müssen	(4)	dass	(5)	konnte

〈解説〉

A

(1) 「私は原発が危険なことを確信している」。確信の高さを示すには話法の助動詞 müssen（〜であるに違いない）で書き換えます。

(2) 「交通規則は守らなければならない」。「〜されなければならない」という義務の意味を zu 不定詞を使って表現するには、sein zu 〜 の組み合わせを思い出しましょう。

(3) 「彼はワイン 1 瓶を飲み干し、すぐに新しい瓶を開けた」。「すぐに〜した」を sobald という従属接続詞を使って 1 文にまとめます。ausgetrunken の後ろに 1 語を補うので、従属文を過去完了形にして時制をずらします。

(5) 「その本は私のものだ。君はその本について話をしていた」。2 文をひとつにまとめるには通常接続詞が必要ですが、今回は両方の文に共通して「本」が言及されていることから関係詞が要求されていることに気づいてください。前置詞があるので通常なら von dem と 2 語になるところですが、前置詞と関係代名詞を融合させて wovon と 1 語にします。

B

(1) 「テーブルを庭に持っていく必要がありますか？」。相手の意向を尋ねていて、しかも文の主語が ich であるところから soll を入れて「〜しましょうか？」とします。

(2) 「君の叔父さんは君に遺産で家を残してくれた。それを君はどうしたんだい？」。これも 2 文を 1 文にまとめますが、どちらの文にも家についての言及があるので関係代名詞が使えます。

(3) 「君の古い自転車はもう使えない」。「〜されうる」は sein zu 〜 でも書き換えできますが、今回は b. の文に sich が含まれているので sich 〜 lassen を使います。

(4) 「ボンは小さな町です。そこでルートヴィッヒ・ファン・ベートーヴェン

が生まれました」。これも「小さな町」を先行詞にして関係詞でまとめま
すが、「そこでは（dort）」というのは in der kleinen Stadt のことです。
前置詞が含まれますのでただの関係代名詞ではなく関係副詞が必要とさ
れます。

(5) 「彼はその会社は経済的困難に陥っていると言っています。私はそれを信
じられません」。「それ」が前文の彼の発言の内容を指しています。これ
を先行詞にとることができる関係代名詞は was しかありません。

C

(1) 「私はある重要なことを君に伝えなければなりません。それは君には悲し
い知らせです」。ここも関係詞を用いて 1 文にまとめる問題ですが、etwas
Wichtiges に注目してください。このような中性扱いの代名詞類を先行
詞にするのも was だけです。

(2) 「私と散歩をする気はない？」。「～するつもり、～したいと思う気持ち」
を 1 語の名詞で表すのが Lust で、よく zu 不定詞と一緒に使います。

(3) 「車のブレーキは交通安全性について検査されなければならない」。ここ
の sein zu ～ は「義務」を表していますので、これを 1 語で言えるのは
話法の助動詞 müssen です。

(4) 「その男の子は新しい携帯に熱中していた。そのことについて彼は何時間
も話していた」。b. の文中に so が含まれていることから、so ～ dass（と
ても～だから～だ）の構文を使えばよいことがわかります。

(5) 「彼を説得するのは不可能だ」。「できる、できない」を表現する話法の助
動詞は können ですが、今回は時制にも注意して過去形にするのを忘れ
ないでください。

6. 文の意味と構造から空欄に入る語を選ぶ　［例題］（← 71 頁）

〈解答〉

A	(1)	**3**	(2)	**3**	(3)	**2**	(4)	**1**	(5) **4**
B	(1)	**1**	(2)	**2**	(3)	**3**	(4)	**3**	(5) **4**

〈解説〉

A　(1)「君は自分で出した手紙の返事をもうもらいましたか？」「いいえ、まだ
もらっていません」。Antwort という名詞は、動詞 antworten と同様に、auf
et⁴ を従えて「… に対する答え」（eine Antwort **auf** et⁴）という形で使います。
(2)「誰がその改革に責任を持っているかは、今はどうでもいいことだ」。X tut

nichts **zur** Sache. で、「X はどうでもよいことだ、X は何の関係もない」とい
う意味です。この文では、主語を es にして、後ろに置かれた疑問詞の節を受
けています。(3)「象は哺乳類です。言い換えれば、象は子供に乳を与えます」。
Worte は、「言葉」という意味の時に Worte という複数形を使いましたが、こ
こでは、「言い換えれば」という成句 **mit** ander[e]n Worten が使われていま
す。(4)「その泥棒は、お金をたくさん詰め込んだバッグを持ってずらかった」。
sich⁴ **aus** dem Staub machen で「こっそり逃げ出す」という成句です。口語
表現で多用されますが、すばやく気づかれずに逃げることを表現するのに使わ
れます。(5)「この問題を掌握するために私たちは何か名案を思いつかねばなら
ない」。sich⁴ etwas **einfallen** lassen [müssen] で「(名案・打開策) を思いつ
かねばならない」という意味です。et⁴ in Griff bekommen も使われています
が、これは「... をコントロールできるようにする」という意味です。「... のこ
つをつかむ」という意味でも使います。

B (1)「その教師は、その新しい単語を黒板に書いた」。Tafel はここでは黒板
のこと。「黒板に何かを書く」と言う時には、et⁴ **an** die Tafel schreiben と言
い、前置詞は an を使い 4 格の名詞を付けます。この場合、an は「接触」を表
し、schreiben (書く) は、方向を伴った動作になります。「黒板 (の字・絵など)
を消す」と言う時には、die Tafel abwischen とか、die Tafel löschen と言い
ます。(2)「(それは) あなたがどのように状況を評価するかによります」。Es/
Das kommt **darauf** an. は「それは ... によります」という意味です。この例
文では主語に es を置いて、後ろに疑問詞の節を置いています。Das kommt
darauf an. として単独で使うと「それは状況によります」という意味にもなり
ます。(3)「私はあなたが休暇中にくつろぐことができることを確信していま
す」。von et³ überzeugt sein で「... に確信している」という意味です。ここで
は、davon と言って、確信している内容を後ろの dass 文で表現しています。
Ich bin davon überzeugt, dass の形で覚えておくとよいでしょう。(4)「君は
ここをクリックすることで、データを保存することができます」という文です
が、従属文のところにはいる接続詞は **indem** です。「... することによって」と
いう意味を表す indem という接続詞は、「手段」や「方法」を表す時、さらに
は「同時性」を表す時によく使われます。(5)「ディスカッションの時に、多く
の学生がそのテーマに関して発言を求めた」。sich⁴ **zu** Wort melden で、「発言
したいと申しでる、発言を求める」という意味の成句です。

7.1. 複数形とアクセント　［例題］(← 73 頁)

〈解答〉

(1)	**2**	(2)	**4**	(3)	**4**	(4)	**4**	(5)	**2**
(6)	**3**	(7)	**4**	(8)	**1**	(9)	**1**		

〈解説〉

(1)　**1** die Soldaten　**2** die Haare　**3** die Welten　**4** die Schwestern

Soldat は -at で終わっているので、男性弱変化名詞。男性弱変化名詞はすべて -en 型です。女性名詞の大多数は複数形が -en 型ですので、Welt には -en、Schwester には -n が付きます。

(2)　**1** die Reparaturen　**2** die Möglichkeiten
　　3 die Kandidaten　　**4** die Unternehmer

-ur や -keit で終わる名詞は女性名詞で複数形はすべて -en 型です。Kandidat は -at で終わっているので男性弱変化名詞で、これもすべて -en 型です。-er で終わる語は同尾型です。

(3)　**1** Gäste — Hände（両方とも -e 型）
　　2 Biologen — Aufgaben（両方 -en 型。-e で終わる語は通常名詞の性にかかわらず -en 型です）
　　3 Kinder — Rinder（両方とも -er 型）
　　4 Elefanten — Apparate（前者は男性弱変化名詞で -en 型。後者は -e 型）

(4)　**1** das Muséum — die Muséen　**2** die Fantasíe — die Fantasíen
　　3 die Léiter — die Léitern　　**4** der Animátor — die Animatóren

-or で終わる語は複数語尾の -en が付くと強勢の位置が -or のところに移動します。
　例　Dóktor　—　Doktóren

(5)　**1** Gebühren は複数形で使われることが多い語ですが、単数でも使います。
　　2 Ferien は Eltern 同様単数形が存在しない語です。
　　3 靴は片方なら Schuh と単数で用いることが可能です。
　　4 Lebensmittel も単複同形ですが、複数形で使われることが多い語です。

(6)　**1** die Seen　**2** die Polizistinnen　**3** die Piloten（Pilot も男性弱変化名詞です）　**4** die Zoos（外来語名詞なので s 型です）

(7)　-er、-el、-chen の語尾で終わる語はすべて同尾型です。ラテン語から入った Datum は英語では複数形は data ですが、ドイツ語では Daten になります。

(8)　**1** die Muskeln　**2** die Nüsse　**3** die Mütter　**4** die Kühe

通常 -el で終わる語は同尾型ですが、Muskel はラテン語から入ったので -n を付けて複数形にします。-en 型なので変音はしません。

(9)　**1** die Menüs　**2** die Computer　**3** die Helden　**4** die Konzerte

Computer は英語から入った外来語名詞ですが、-er で終わる男性名詞なので s 型ではなく同尾型です。Held は男性弱変化名詞ですので -en 型です。

7.2. 語順　[例題]（← 78 頁）

〈解答〉
(1)　**4**　　(2)　**3**　　(3)　**2**　　(4)　**1**

〈解説〉
(1)　A：　一体それは何なの？
　　B：　僕から君への誕生日のプレゼントさ！
　　A：　本当？　でも私の誕生日は 1 ヵ月後にやっと来るのに。

　ここの erst は、時を示す表現を修飾して、「～になってようやく、はじめて」の意味で、修飾する語句の直前に置きます。

(2)　A：　ハインツ、君はなぜマイカーを持たないんだい？
　　B：　仕事には歩いて行くし、1 年にだいたい 1 度くらいしか車は必要ないからさ。

「おおよそ 1 回」と言いたいので、ungefähr は einmal の直前に置かなくてはなりません。

(3)　A：　日本宛のこの小包がいくらかかるかわからないのですが。

B: 郵便局で小包料金を問い合わせてみてください。

　再帰代名詞 sich は bei der Post や nach den Paketgebühren のような複数の語で構成される前置詞句に比べて短いので、必ず前に出します。ただし Sie のように同じ代名詞の場合はこれを越えて先に出ることはありません。

(4)　A: 自転車を借りて浜辺まで行こうと思っていたんだけれど、ひょっとして一緒にくるつもりはあるかな？

　　　B: その気はあるんだけれど、今時間がないの。1 時間したらまた携帯に電話くれる？

　mich / in einer Stunde / auf dem Handy と 3 つの要素がありますが、まずこのどれに wieder（またもう一度）を付けたらいいかを考えましょう。その後は長さで順番を決めます。また動詞と結びつきの強い要素ほど後ろに置かれることを憶えておいても役に立ちます。

7.3. 意味のまとまりで区切る　[例題]（← 84 頁）

〈解答〉

(1)　**3**　　　(2)　**4**　　　(3)　**4**　　　(4)　**2**　　　(5)　**2**

〈解説〉

(1)　die gute alte Glühbirne と in den Müll geworfen は意味のまとまりになっていますので、途中で区切ることはできません。「その愛着のある電球をアレックスはもうごみの中に捨ててしまった」

(2)　aus der Tasche は das Handy ではなく zog を修飾することに注目してください。さらに und は「そして～した」となるので、直後で切るのは不自然です。「トーマスは携帯をバッグから出し、そしてレターシンボルを押した」

(3)　den Weg zum Waldsee と als Luise は意味がまとまっていますので、途中で切ることはできません。「アンナはルイーゼよりはやくヴァルトゼー湖への道を見つけた」

(4)　von Anfang an と auf andere Menschen も意味がまとまっているので、途中で切ることはできません。「子供たちは他の人間や自分を取りまく環境に対して最初からずっと大いなる好奇心を発達させるものだ」

182

(5)　den Atomkraftwerk Fukushima 1 と der Nachrichtenagentur Kyodo zufolge も意味がまとまっていることに注目しましょう。zufolge は後置詞です。「共同通信社によると福島第一原発では爆発があったそうだ」

〈第3章　読解力を問う問題〉

1. 短い文章の内容理解　［例題］（← 94 頁）

〈解答〉

(1)　**3**

〈全訳〉

　ドイツにおける多くの歩行者信号のところにある信号機ボックスに一つの小さなボタンが隠れている。おそらく多くの人はそのボタンのことをまったく知らないだろう。インターネットでは、しばらくの間、そのボタンを何回か一定の順番で押すとより早く緑にかえることができるという主張が広まっていた。これは確かに馬鹿げたことだが、それにもかかわらずそのボタンは、特定の目的と意味を持っていた。

　そのボタンを作動させると、普通のボタンの作動とほとんど同じようなことが起こる... がしかしほんの少し異なる。というのは、歩行者信号が緑になるやいなや、視覚的信号に加えて音響的信号が鳴り響くのだ。その隠されたボタンは、つまり最終的に盲目だったり視覚障碍を持った人たちのことを考えて作られたもので、その信号によって自動車の通行が赤であり、その道が安全に渡ることができることをそれらの人々が知ることができるのである。

1 ドイツの歩行者信号のボックスの中には小さなボタンがあり、それは信号をより速く緑に変えるものである。

2 ドイツの歩行者信号のボックスの中には小さなボタンを作動させるためには、そのボタンを特定の順序で何回か押さねばならない。

3 盲目な人や視覚障碍者のことを考えて作られた隠されたボタンを作動させることで、視覚的信号に加えて音響的な信号も出すようになる。

［https://www.chip.de/news/Versteckter-Knopf-unter-dem-Ampel-Kasten-Wofuer-er-da-ist-Wissen_157085901.html

Versteckter Knopf unter dem Ampel-Kasten: Das passiert, wenn Sie ihn drücken – CHIP］

⑵　**3**

〈全訳〉

　ある男が家に帰るのに自分はロバに乗り、息子を徒歩で傍を歩かせていた。そこに1人の徒歩の旅人がやって来て、言った。「それはないだろう、親父さん、お前さんがロバに乗って、息子を歩かせるとはね。お前さんの方が手足はしっかりしているだろうに」

その父親はロバから降りて、息子に乗らせた。そこで2人は別の旅人に出会った。その男は怒って息子に尋ねた。「どうしてお前は自分でロバに乗って父親に歩かせるようなことができるんだね？　お前の脚は若いのに」。そこで親子は2人ともロバの背に乗り、しばらく道を行った。まもなく2人は3人目の旅人に出会ったが、その男は言った。「すぐに降りろ！　これまでの人生でこんなばかな奴らを見たことなどないぞ！　お前らにはわからないのか？　お前たち2人はこのか弱い動物には重すぎるということが！」。親子はこの怒る男の言うことに従って、ロバから降りロバの横を歩いて行った。

（Johann Peter Hebel: Seltsamer Spazierritt.）

1 ロバはとても疲れていてたので、男とその息子がそれに乗ることはできなかった。

2 通りすがりの3人の旅人は2人によい助言をしてくれた。

3 すべての人を満足させるのはとても難しい。

2. 総合的な長文読解　［例題］（← 104 頁）

〈解答〉

⑴　**2**　　⑵　**3**　　⑶　**4**　　⑷　**1**　　⑸　**2, 4, 6**

〈解説〉

⑴ 下線部 (a) の内容説明を選択肢から選ぶ問題です。よく見ると、選択肢はいずれも「セントルイスにあるワシントン大学の生態学者コルツは」で始まります。違うところに注目すると、ドイツ語の untersucht nicht nur と das Verhältnis von Raub- und Beutetieren の部分の和訳が異なっています。untersuchen は、「研究する、調査する」のどちらの意味でも用いますが「観察する」という意味はありません。das Verhältnis は「関係」の他にも「生活環境」「状況」という和訳も独和辞典に載っています。そこで、untersuchen の意味と照らし合わせてみると、**2** が残ります。

⑵ 空欄 A に当てはまる語を選ぶ問題ですが、空欄 A を含む文を単純化してみると、Eine Studie zeigte, dass eine wärmere Arktis größere Wolfspinnen

（A）Folge haben könnte. となります。Arktis が北極地方、Wolfsspinnen が コモリグモでしたから、和訳してみると「ある研究が示しているのは、より暖 かい北極地方がより大きなコモリグモを … だろう」となります。個々で使わ れている表現は（zur）Folge haben です。et¹. A hat et⁴. B zur Folge という 成句は、「A が B に（結果として）つながる」（A führt zu B.）という意味です。 **3** の zur を選びます。

（3）下線部（b）の内容説明に合うものを選びます。選択肢の文末にまず注目し てみましょう。**1** と **4** が「襲いかかる」、**2** と **3** が「食べてしまう」です。原文 の動詞では herfallen ですから、この動詞が「食べる」に関係しているとは思 えません。über et⁴/jn herfallen で「… に襲いかかる」という意味です。主語 の ihre Populationsdichte に注目してみると、この ihre が気になります。前の 文が Wolfsspinnen fressen die meisten Insekten und kleineren Spinnen. と なっていますので、複数の名詞は、Wolfsspinnen（コモリグモ）の主語か、die meisten Insekten und kleineren Spinnen（昆虫や小さなクモ）かのどちらかで す。この 2 つの部分を組み合わせて整合するのは選択肢の **4** です。ihre は文法 的には、どちらの複数名詞を指すこともできますが、ここでは「コモリグモ」 の話をしていますので、そこからも想像できるはずです。

（4）下線部（c）の言い換えとして適切なものを選ぶ問題です。war genau das Gegenteil der Fall. の部分、語順を変えると、Genau das Gegenteil war der Fall.「まさにその逆がそのケースだ」という表現です。この表現の肯定形は Das ist der Fall. で「（それは）その通りです」という意味です。言い換えは、**1** で す。下線部（c）に対応した語順にすると war das nicht so. ですが、現在形で 語順を言い換えると、Das ist nicht so. となり「そうではありません」という 意味になっていることが分かります。

（5）本文の内容と合うものを選びます。**1** は、第二パラグラフの最初の文が対 応しているように見えますが、seit fast 10 Jahren（ほとんど 10 年前から）と なっていて、日本語の「10 年以上前から」と合いません。**2** は第三パラグラフ にあります。コモリグモの食べ物は、3 番目の Einer ihrer liebsten Leckerbis- sen で始まる文で、どうやら良さそうです。**3** は、第四パラグラフにあります。 「気温が上昇すると」die Wolfsspinnen sind aktiver.（コモリグモは活動的にな る）と書かれているので違います。**4** は生態学者コルツの予想について書かれ ていますが、これは第四パラグラフの後半部分で、内容的に合っています。**5** は第五パラグラフの冒頭ですが、wurden plötzlich weniger Springschwänze gefressen（突然トビムシがあまり食用にされなくなった）と書かれていて「ト ビムシが多く食用にされることになった」という選択肢の内容の逆のことが書

かれています。**6**は、第五パラグラフの後半部分に書かれていることが要約されています。すなわち、「クモの生息数が多い領域の地面は、... それほど腐敗していない。」ことから、クモが気候変動を抑止するのに役立っていると考えられ、内容と一致しています。ところどころ専門的で難しい表現がありますが、それらは設問を解くうえで正確な知識を持たなくても解答にたどり着けるようになっています。

[https://www.nationalgeographic.de/tiere/2018/07/klimawandel-laesst -spinnen-wachsen-und-das-hat-vorteile

Klimawandel lässt Spinnen wachsen – und das hat Vorteile | National Geographic, Veröffentlicht am 25. Juli 2018, 17:28 MESZ]

3. 会話文： 文脈理解と補充　［例題］（← 113 頁）

〈解答〉

a **2**　　　b **5**　　　c **1**　　　d **4**　　　e **3**

〈解説〉

　DER SPIEGEL Nr. 38 / 17.9.2022 に掲載された短いインタビュー »Das macht mich wütend« が原典です。インタビューなので、当然ながら質疑応答が行われますが、ここでは政治家が答える立場です。話題は、新型コロナウイルス感染症の予防のためにマスクをする義務をどうするか、という話なので、日本でも話題になった話なので想像しやすいと思います。まず、いきなり会話文を最初から読むのではなく、選択肢の文の内容を押さえておきましょう。

1 私たちが話さなければならないのは、どのようにしたら、病気にかかり、家にいなけらばならない子供たちのためのデジタル授業を保障することができるかです。

2 マスク着用義務は最終手段なのです、コロナの状況がとても深刻で、そうしないと学校を閉鎖しなければならないような場合のものです。

3 寒い教室では、だれもよく学ぶことはできません。

4 コロナとエネルギー危機のどちらの危険性がより高いのでしょうか？

5 それを私はもう一度体験したくはありません。

　解答として入れる選択肢を読んでみると、インタビューアーの言葉としてありうるものは一つしかありません。そして、現実に空欄は (d) だけです。そうすると、おそらく**4**が (d) に入るだろうという予想がついてしまいます。全訳をみながら、選択肢がどのように入るのかを確認してください。

〈全訳〉

[フランチスカ・ブラントマン、28歳、「若き自由主義者たち」（die Jungen Liberalen）の連邦議長とのインタビュー]

インタビューアー: ブラントマンさん、連邦の新しい感染症予防法は、州がマスクをする義務を5年生以上に科することを定めています。FDP（自由民主党）は、あなたの政党ですが、マスク着用義務にずっと戦ってきました。

ブラントマン: 教室でのマスク着用義務は、「これが規則で定められた対面授業の活動の維持のために必要な時に」命じてもよい、そう法律には書かれています。(**a マスク着用義務は最終手段なのです、コロナの状況がとても深刻で、そうしないと学校を閉鎖しなければならないような場合のものです。**)これは、連邦州によってもそのように取り扱われねばなりません。

インタビューアー: まず最初に反応する時、そして教員の相当数が感染してしまった時には、マスク着用義務は、多くの効果はもたらさないですね。

ブラントマン: 選択肢は何なのでしょうか？ 緊急の危険がない時に、子供たちや若者たちの自由の権利を再び制限した方がよいのでしょうか？ (**b それを私はもう一度体験したくはありません。**)私たちは、冬に備えなければなりません、でもそんなふうにしたくはありません。

インタビューアー: 何をあなたは提案しますか？

ブラントマン: (**c 私たちが話さなければならないのは、どのようにしたら、病気にかかってしまい家にいなければならない子供たちのためのデジタル授業を保障することができるかです。**)私は、連邦州が夏の期間を使ってそれに対するコンセプトを作り上げることを希望していたんですが。でもそれはなされませんでした。衛生というテーマもまた広範囲にひっくり返ってしまいました。

インタビューアー: それってどういう意味ですか？

ブラントマン: どこにCO_2の信号機がありますか？ 学校の中では、手を洗うための石鹸すらないところがあります。その代わりに、私たちは、エネルギーを節約するために暖房の設定を下げたほうがよいかどうかを議論しています。それで私は頭にきています。

インタビューアー: (**d コロナとエネルギー危機のどちらの危険性がより深刻なのでしょうか？**)

ブラントマン: その質問は立てられないんです。その2つの挑戦を私たちは取り扱わねばなりません。学校は、暖房が止められる場所としては、最後にならねばなりません。(**e 寒い教室ではだれもよく学ぶことはできません。**)多くの子供たちにとって、過去の2年間に膨大な学習の欠落が生じてしまったのです。私たちはそれを取り戻すためには、何年もの年月を必要とするでしょう。

インタビューアー：連邦政府の回復プログラムがそれに対処することになります。しかし、それは年度末をまたぐことになり、見たところ代替策はないでしょうね。

ブラントマン：コロナは、教育の公平性を大々的に先鋭化してしまいました。それを私たちはやむを得ないこととして受け入れることはできません。それ相応の手段が必要です。そのプログラムがどういう名前になろうと、そんなことは無関係です。

〈第4章　聞き取り〉

2. 聞き取り問題（第1部）　［例題］（← 125頁）

〈解答〉

（A）　2　　　（B）　1　　　（C）　2　　　（D）　1

〈読み上げられたテキストと選択肢全訳〉

（A）　**A**：モーニカ、国立博物館での展覧会はどうだった？

　　　B：私はとても気に入ったわ。

　　　A：その展覧会は何ていう名前だったの？

　　　B：「ピカソとその時代：ベルクグリューン美術館の傑作」よ。パウル・クレーのいくつかの絵もすばらしかったわ。

　　　A：そうか？　クレーの絵は、私にはなぞだな。私にはむいていない。

　　　1 モーニカはピカソのたくさんの絵を見ることができてうれしかった。

　　　2 展覧会では、モーニカは特にパウル・クレーの絵に魅了された。

　　　3 モーニカにとって、パウル・クレーの絵はあまりにもなぞだ。

（B）　**A**：お手伝いできますか？

　　　B：ジーンズがほしいんですが。

　　　A：どんなジーンズをお探しですか？

　　　B：小さい穴がいっぱいあいたジーンズがほしいんです。

　　　A：ということは、このようなやぶれたジーンズがお望みですか？

　　　B：いいえ、穴は膝のあたりになくっちゃいけないんです。

　　　1 そのお客さんは膝のあたりに複数の穴があいているジーンズをほしがっている。

   2 そのお客さんは小さいジーンズをはいている。

   3 そのお客さんはやぶれたジーンズを買いたがっている。

(**C**) **A**: パリ風のカツレツはおいしく召し上がっていただけていますか？

  B: ええ、これは本当に素晴らしくおいしいですね。でも、なぜこれをパリ風と呼ぶのかわからないわ。

  A: ウィーン風カツレツとは違って、パリ風のカツレツにはパン粉が使われていないんです。

  B: おもしろいですね！ メニューには、イタリア風カツレツというのもありますね。これはどんなものですか？

  A: 上にスパゲッティとトマトソースがのっています。

  B: あーっ、だめだ！

   1 そのお客さんはパリ風カツレツが気に入らなかった。

   2 そのお客さんはなぜそのカツレツがパリ風と名づけられているのか分からない。

   3 そのお客さんは今ではイタリア風カツレツにもっと興味を持っている。

(**D**) **A**: 今日は、ドルトムント対バイエルンのサッカーの中継があるよね？

  B: ハインツ、あなたは勘違いしているわ。

  A: ああ、そうだった。フランクフルト対バイエルンだったな？ そうだろう？

  B: 違うわ。今日はそもそもテレビでサッカーの中継はないの。

  A: そんなばかな！

  B: 先週でもうシーズンは終わっていたでしょ。

   1 今日は、テレビでサッカーの中継がない。

   2 先週は、ドルトムント対バイエルンの試合があった。

   3 サッカーのシーズンは、今週で終わりになる。

3. 聞き取り問題（第2部）　［例題］（← 131 頁）

〈解答〉

(**A**)　**2**　　　(**B**)　**2**　　　(**C**)　**3**　　　(**D**)　**2**　　　(**E**)　**1**

〈朗読された文章全訳〉

参加者の皆さん、

189

　ニーマンツメアの私たちの集中夏期講座にようこそ。私はハインツ・リープ
と申しまして「ジャーナリズムで働く」というプログラムの担当の者です。た
ぶん皆さんが既にプログラム冊子でご承知のことであろうと思いますが、この
特別プログラムはたった４週間たらず、つまり８月２日から29日までです。
この４週間の間に皆さんにはジャーナリズムの簡単な歴史に接し、同時にジャー
ナリズムの多岐にわたる面について知っていただくことになります。要するに
皆さんはここでジャーナリズムの理論と実践について包括的に情報を得ること
になるわけです。

　午前中には２つほど授業時間がありますが、そのテーマはジャーナリズムの
歴史と問題点です。大雑把な言い方をすればジャーナリズムとは「ジャーナリ
ストの活動とジャーナリストの報道の仕方」と理解できます。従って私たちは
まず最初にジャーナリストという職業はどこでどんなふうに成立したかという
ことからスタートしなくてはなりません。授業のテーマは他にはマスメディア
研究が挙げられます。明らかなことですがジャーナリストには自分の報道を形
づくる手段として、または自分の意見を述べる場として特定のマスメディアが
必要です。たとえば新聞や雑誌、ラジオ及びテレビ放送、ウェブサイトやブロ
グなどです。しかしながらマスメディアの種類によって特定の長所と短所があ
りますので、そこで皆さんはさまざまなマスメディアの特質について論じるこ
とになります。

　それぞれの授業時間は演習のように構成されています。つまり参加者の方々
が特定のテーマをひとつ選び、そのことについて発表をすることになります。
発表は最長でおよそ30分くらいの長さで、他の参加者の皆さんは積極的に議
論に参加することを義務づけられます。発表は必ずしも１人の参加者だけで行
わなくてはならないというわけではなく、むしろ２人か３人で発表するのが望
ましいことです。そうすることが可能になる前提条件はもちろん皆さんがうま
く共同作業ができるということです。

　さてこのプログラムの実践的な面についてですが、午後は自由です。しかし
だからと言って講座のプログラムの枠内で課題が出ないということではありま
せん。このプログラムは皆さん、すなわち参加者全員が、政治部、経済部、文
化部、スポーツ部、キャリア就職部、気候保全部、科学技術部など複数の部局
からなる自らの編集部を組織することをあらかじめ予定しています。皆さんに
はご自分のウェブサイトを提供いたしますので、そこで皆さんはご自分の報道
や意見を発表することができます。まず編集構想をまとめて、それに合意しな
ければなりません。そのための会議室とコンピュータは午後から20時まで利
用できます。困ったことがある場合には事務室の私たちのところに来て知らせ

てください。皆さんをアシストする用意がいつでもできている助手が幾人かおります。それでは皆さん全員にすばらしい成果を願っております。

〈質問と解答の選択肢全訳〉

（**A**）　「ジャーナリズムで働く」というプログラムはどれくらいの期間行われますか？

    1 30 分です。

    2 4 週間そこそこです。

    3 8 月の 2 日から 28 日までです。

（**B**）　午前中に参加者がうける授業時間数はどれくらいですか？

    1 たったの 1 時間です。

    2 2 時間です。

    3 3 時間です。

（**C**）　発表は最高でどれくらいの長さであったらよいでしょうか？

    1 10 分です。

    2 20 分です。

    3 30 分です。

（**D**）　参加者は午後には何をしたらよいでしょうか？

    1 自由なので何もする必要はありません。

    2 自らの編集部を組織し、自分の報道をインターネットで発表すべきです。

    3 さまざまな報道からひとつのテーマを選び、それに対する自分の意見を述べなくてはなりません。

（**E**）　コンピュータはいつ使えますか？

    1 午後から 20 時まで。

    2 午前中から 20 時まで。

    3 午前中から午後にかけて。

編著者略歴

岡本順治（おかもと　じゅんじ）
学習院大学文学部教授．上智大学大学院言語学専攻，博士後期課程
単位取得退学．
著書：『解説がくわしいドイツ語入門』（白水社），『独検対策準1級・
1級問題集』（共編著，白水社），『講座ドイツ言語学　ドイツ語の
文法論』（共編著，ひつじ書房），『ドイツ言語学辞典』（共著，紀伊
國屋書店），『現代ドイツ言語学入門』（共著，大修館書店）

岡本時子（おかもと　ときこ）
筑波大学非常勤講師．上智大学大学院言語学専攻，博士後期課程単
位取得退学．
著書：『独検対策準1級・1級問題集』（共編著，白水社），『ドイツ
言語学辞典』（共著，紀伊國屋書店）

本書の更新情報については以下のサイトをご確認ください．
http://www.pocus.jp/dk2-errata.html

独検対策2級問題集［三訂版］

2023 年 9 月 10 日　印刷
2023 年 10 月 10 日　発行

著　者 ©　　岡　本　順　治
　　　　　　岡　本　時　子
発行者　　　岩　堀　雅　己
印刷所　　　株式会社三秀舎

101-0052 東京都千代田区神田小川町 3 の 24
電話 03-3291-7811（営業部），7821（編集部）　株式会社　白水社
www.hakusuisha.co.jp
乱丁・落丁本は，送料小社負担にてお取り替えいたします．

振替 00190-5-33228　　Printed in Japan　　加瀬製本

ISBN978-4-560-08988-0